Les sanctions de l'inexécution après la réforme du droit des contrats

Droit privé et sciences criminelles

Collection dirigée par Yves Strickler

Créée fin 2011 par Yves Strickler et le Centre d'études et de recherches en droit privé (devenu le Centre d'études et de recherches en droit des procédures en 2013) de la Faculté de Droit et Science politique de Nice, la présente collection a pour vocation principale de publier des ouvrages en liaison avec le thème retenu pour dénomination de la collection. Cette dernière rassemble des recherches originales, tirées notamment de travaux de recherche, de manifestations scientifiques ainsi que d'ouvrages collectifs sur les interrogations actuelles que rencontre la science juridique, spécialement dans le domaine du droit privé et des sciences criminelles.

Dernières parutions

Défiance, doute, incertitude : quelle place pour la notion de confiance dans les sociétés modernes ? *(dir. Julie Tribolo), 2019, 90 pp.*
L'enfant à l'épreuve de la séparation parentale *(dir. Laetitia Antonini-Cochin et Marie-Cécile Lasserre), avril 2019, 126 pp.*
Les grands principes des répartitions dans les procédures collectives*, Maxence Guastella, mars 2019, 300 pp.*
La cession de dette*, Jean-Baptiste Bottin, mars 2019, 148 pp.*
Déclaration des droits de l'homme et du citoyen. Postérité et actualité *(dir. Jimmy Meersman et Rémi Puigventos), février 2019, 238 pp.*
Médiation et entreprises. Regards croisés Droit et Gestion *(dir. Gulsen Yildirim, Isabelle Sauviat et Romain Dumas), janvier 2019, 142 pp.*
La procédure *(dir. Joanna Genovese et Giovanna Debernardi), oct. 2018, 138 pp*
Techniques de critique d'une décision « définitive ». Imprécision sémantique et pérennité des décisions de justice en procédure civile*, Tennessee Caen, juin 2018, 160 pp*
Réforme de la prescription pénale *(dir Christine Courtin et Jean-Raphaël Demarchi), juin 2018, 154 pages*
Droit des sociétés et procédures collectives *(dir. Laurence Caroline Henry), janvier 2018, 207 pp.*

Louise BOTTIN

Les sanctions de l'inexécution après la réforme du droit des contrats

L'Harmattan

5-7, rue de l'École-Polytechnique, 75005 Paris
http://www.editions-harmattan.fr
ISBN : 978-2-343-19868-2
EAN : 9782343198682

REMERCIEMENTS

Mes remerciements vont tout d'abord à Monsieur le Professeur Mathias Latina pour sa disponibilité et ses conseils avisés.
Qu'il veuille trouver dans ce travail de recherche l'expression de ma plus respectueuse reconnaissance.

Mes remerciements vont ensuite à Monsieur le Professeur Yves Strickler et à l'ensemble du corps professoral du Master II Droit privé et Sciences criminelles pour m'avoir fourni les outils nécessaires à la réussite de mes études universitaires.

TABLE DES ABRÉVIATIONS

AJ contrat	Actualité juridique contrat
al.	Alinéa
art.	Article
Ass. plén.	Assemblée plénière de la Cour de cassation
BJB	Bulletin Joly Bourse et produit financier
BJE	Bulletin Joly des entreprises en difficulté
BJS	Bulletin Joly Sociétés
Bull. Civ.	Bulletin des arrêts de la Cour de cassation (chambres civiles)
C. civ.	Code civil
C. com.	Code de commerce
C. consom.	Code de la consommation
C. pr. civ.	Code de procédure civile
CA	Cour d'appel
Cah. dr. entr.	Cahiers de droit de l'entreprise
CCC	Contrats, concurrence, consommation
chron.	Chronique
Civ.	Chambre civile de la Cour de cassation
coll.	Collection
Com.	Chambre commerciale de la Cour de cassation
CVIM	Convention des Nations unies sur les contrats de vente internationale de marchandises
D.	Recueil Dalloz
dir.	Sous la direction de
Dr. et patr.	Droit et patrimoine

Dr. soc.	Droit social
éd.	Edition
et alii	Et (les) autres
Fasc.	Fascicule
Gaz. Pal	Gazette du Palais
ibid.	Au même endroit
in	Dans
J. Cl. civ.	Juris-Classeur Civil
J. Cl. contr. et distr.	Juris-Classeur Contrats – Distribution
JO	Journal officiel (Lois et décrets)
JCP E	Juris-Classeur périodique - Edition Entreprises et affaires
JCP G	Juris-Classeur périodique - Edition générale
JCP N	Juris-Classeur périodique - Edition notariale et immobilière
loc. cit.	A l'endroit cité précédemment
L.	Loi
LEDC	L'essentiel du droit des contrats
LGDJ	Librairie générale de Droit et de jurisprudence
LPA	Les petites affiches
maj.	Mis à jour le
Mixte	Chambre mixte de la Cour de cassation
n°	Numéro
obs.	Observations
op. cit.	Dans l'ouvrage cité précédemment
p.	Page
PDEC	Principes du Droit européen du Contrat

PUF	Presse universitaire de France
Rép. civ.	Répertoire civil Dalloz
Rev. proc. coll	Revue des procédures collectives
Rev. sociétés	Revue des sociétés
RDC	Revue des contrats
RDI	Revue de droit immobilier
RLDC	Revue Lamy droit civil
RTD civ.	Revue trimestrielle de droit civil
RTD com.	Revue trimestrielle de droit commercial et de droit économique
s.	Et suivant(e)(s)
Soc.	Chambre sociale de la Cour de cassation
supra	ci-dessus
t.	Tome
TI	Tribunal d'instance
V.	Voir, se référer à
vol.	Volume

SOMMAIRE

INTRODUCTION

> « *Le caractère à la fois passionnant et décevant de la tâche des juristes vient de ce que le droit est sans cesse à reconstruire. Traduisant la vie, il en suit les transformations. Aussi, les compartiments qu'il établit ne sont jamais étanches ni définitifs.* »[1]

1. Instrument au service des échanges – Le contrat est un acte juridique utilisé quotidiennement pour réaliser des opérations d'une particulière banalité. Toutefois, le contrat n'a pas pour seul objet de répondre aux besoins de la vie courante. En tant que support d'opérations économiques fondamentales, il se trouve également au cœur du monde des affaires. Ainsi, il joue un rôle déterminant dans l'organisation et la régulation des relations économiques et sociales.[2] Parce que le contrat, comme accord de volontés faisant naitre des obligations[3], est un outil indispensable aux échanges, il se doit d'être respecté : c'est la force obligatoire[4].

2. Obligation contractuelle – Selon la formule de Loysel en 1607 : « On lie les bœufs par les cornes, et les hommes par les paroles »[5]. Par l'échange de paroles, les parties peuvent ainsi s'engager, se lier les unes aux autres et se doivent, par conséquent, de respecter la parole donnée[6]. La spécificité du contrat est donc de créer des obligations à la charge d'une ou de plusieurs parties. Décrite

---

[1] R. SAVATIER, « Droit privé et droit public », D. 1946, p. 25, cité par M. CHAGNY, *Droit de la concurrence et droit commun des obligations*, Dalloz, 2004, p. 1

[2] J.-L. AUBERT et F. COLLART DUTILLEUL, *Le contrat. Droit des obligations*, Dalloz, 5e éd., 2017, p. 1 et s.

[3] C. civ. art. 1101

[4] J. GHESTIN, « Le contrat en tant qu'échange économique », in *Économie des contrats : bilan et perspectives*, E. BROUSSEAU et J.-M. GLACHANT (dir.), Revue d'économie industrielle, vol. 92, 2000, p. 91

[5] J.-M. GOUVARD, « Les adages du droit français », in *Langue française. Sémantique du stéréotype*, O. GALATANU et J-M. GOUVARD (dir.), Larousse, 1999, n° 123, p. 73

[6] M. FABRE-MAGNAN, *Le droit des contrats*, PUF, 2018, p. 48 s.

en droit romain comme *vinculum juris*[7], l'obligation est perçue comme un lien de droit entre un créancier et un débiteur en vertu duquel le premier peut exiger du second une prestation[8]. Ainsi, conformément à la locution latine *pacta sunt servanda*, les parties ne sauraient déroger à leurs obligations contractuelles. Or, l'inexécution apparaît lorsque le créancier n'obtient pas ce à quoi était tenu le débiteur, traduisant « l'écart entre le "promis" et l'"accompli" »[9]. L'exécution étant la fin du contrat, le droit se doit d'être attentif et d'apporter des réponses appropriées lors d'une inexécution.

3. Inexécution contractuelle – Classiquement, le terme d'« inexécution », bien que non défini par le Code civil, semble désigner tout type de manquement, sans distinction, qu'il s'agisse de l'absence totale d'exécution, d'une exécution seulement partielle, du retard dans l'exécution, ou d'une mauvaise inexécution[10]. Outre les différentes formes que peut revêtir l'inexécution, son étude dépend également de ses causes[11]. Lorsque l'inexécution est due au contractant, c'est-à-dire qu'elle provient de son propre fait ou du fait d'une personne ou d'une chose dont il doit répondre, elle lui est imputable. Au contraire, si l'inexécution est due à une cause étrangère, c'est que le contractant s'est retrouvé dans une impossibilité à exécuter qui ne lui est pas imputable. Or, la présente étude des sanctions de l'inexécution après la réforme du droit des contrats ne va s'intéresser qu'aux inexécutions dues à un débiteur défaillant, excluant du champ des sanctions de l'inexécution les cas de force majeure. En vertu de la force obligatoire du contrat, le créancier est ainsi fondé à réagir face

---

[7] Lien de droit

[8] Y. BUFFELAN-LANORE et V. LARRIBAU-TERNEYRE, *Droit civil. Les obligations*, Sirey, 15e éd., 2017

[9] M. FAURE-ABBAD, *Le fait générateur de la responsabilité contractuelle (contribution à la théorie de l'inexécution contractuelle)*, LGDJ, 2003, n° 278

[10] J.-S. BORGHETTI, « A la recherche d'une sanction méconnue de l'inexécution contractuelle : la correction de la mauvaise exécution », in *Mélanges en l'honneur de François Collart Dutilleul*, S. BEAUGENDRE et alii (dir.), Dalloz, 2017, p. 131 et s.

[11] C.-E. BUCHER, *L'inexécution du contrat de droit privé et du contrat administratif*, vol. 102, Dalloz, 2011, n° 20

aux manquements de son débiteur[12]. Les sanctions contractuelles renforcent ainsi le principe de la force obligatoire du contrat « qui ne nait comme problème juridique qu'à partir du moment où le débiteur ne veut plus s'exécuter »[13].

4. Ancien régime des sanctions de l'inexécution – Pourtant, avant l'ordonnance du 10 février 2016, les sanctions de l'inexécution faisaient l'objet de dispositions éparses dans le Code civil et manquaient de lisibilité, tant et si bien que le régime des sanctions de l'inexécution méritait d'être clarifié[14]. D'abord, seul l'article 1184 pouvait constituer un texte général. Or il était inscrit dans un paragraphe consacré à la condition suspensive et faisait référence à une option entre exécution forcée et résolution judiciaire[15], tandis que la responsabilité civile était évoquée aux articles 1147 et suivants. De plus, l'exécution forcée était maladroitement écartée selon le type d'obligation[16], tout comme la mise en œuvre de certaines sanctions dépendait de la nature synallagmatique du contrat. La plupart des remèdes à l'inexécution étaient donc mal exprimés et cantonnés à certains types de contrats ou d'obligations rencontrés[17]. Ensuite, la résolution conventionnelle ou la résolution unilatérale

---

[12] C. civ. art. 1103 : « Les contrats légalement formés tiennent lieu de loi à ceux qui les ont faits »

[13] E. A. FARNSWORTH, *Changing Your Mind. The Law of Regretted Decisions*, New Haven & London, Butterworths, 2002, p. 11 et s. cité par Y.-M. LAITHIER, *Étude comparative des sanctions de l'inexécution du contrat*, t. 419, thèse Paris, LGDJ, 2004, p. 2, n° 1

[14] D. MAINGUY, « Réforme du droit des contrats, du régime général et de la preuve des obligations », JCP E 2017, n° 7

[15] C. civ. art. 1184 : « La condition résolutoire est toujours sous-entendue dans les contrats synallagmatiques, pour le cas où l'une des deux parties ne satisfera point à son engagement.
Dans ce cas, le contrat n'est point résolu de plein droit. La partie envers laquelle l'engagement n'a point été exécuté, a le choix ou de forcer l'autre à l'exécution de la convention lorsqu'elle est possible, ou d'en demander la résolution avec dommages et intérêts.
La résolution doit être demandée en justice, et il peut être accordé au défendeur un délai selon les circonstances. »

[16] C. civ. art. 1142 : « Toute obligation de faire ou de ne pas faire se résout en dommages et intérêts en cas d'inexécution de la part du débiteur. »

[17] Y.-M. LAITHIER, « Les sanctions de l'inexécution du contrat », RDC 2016, p. 39

par le créancier, comme envisagé par la jurisprudence, n'étaient pas prévues par le Code civil, pas plus que l'exception d'inexécution. Enfin, l'articulation entre les divers moyens dont dispose le créancier pour faire face à une inexécution n'était pas précisée. Le régime de l'inexécution contractuelle constituait ainsi l'une des carences du Code civil en dépit de son importance manifeste dans la pratique. C'est ainsi que la réforme du droit des contrats est venue remédier aux lacunes du Code civil, ce dernier ne correspondant plus à la réalité du droit positif et ne répondant plus aux exigences de prévisibilité et d'intelligibilité de la norme.

5. Historique de la réforme – « Longtemps espérée, un temps enterrée »[18], l'ordonnance n° 2016-131 portant réforme du droit des contrats, du régime général et de la preuve des obligations a été définitivement adoptée le 10 février 2016. Or, toutes les tentatives de réforme du Code civil en la matière avaient échoué auparavant[19]. En effet, l'idée d'une réforme du droit des contrats n'est pas nouvelle puisque, dès 1904, une commission avait été chargée par le garde de sceaux de réformer le Code civil pour faire face à la révolution industrielle, à l'évolution des mœurs et à la promulgation du BGB allemand[20]. Devant l'échec de ces premiers travaux, une seconde commission fut mise en place en 1945. À la suite de sa dissolution, l'idée d'une réforme du Code civil fut relancée dans les années 1960 par Jean Carbonnier, conduisant à la rénovation de pans importants du Code civil[21]. Dans le même temps, de nombreux travaux académiques relatifs au droit européen des contrats ont été rédigés : Code européen des contrats du professeur Gandolfi, Principes du droit européen des contrats de la Commission Lando, Projet de cadre commun de référence Von Bar, incitant les juristes français à réformer le droit des obligations en droit interne. Encouragé par le Président

[18] F. CHÉNEDÉ, *Le nouveau droit des obligations et des contrats, Consolidations - Innovations – Perspectives*, Dalloz, 2016, n° 00.01

[19] L. LEVENEUR, « Présentation générale de la réforme du droit des contrats, du régime général et de la preuve des obligations », CCC 2016, n° 5, dossier 2

[20] G. CHANTEPIE et M. LATINA, *Le nouveau droit des obligations. Commentaire théorique et pratique dans l'ordre du code civil*, Dalloz, 2016, n° 5

[21] J. CARBONNIER, *L'évolution contemporaine du droit des contrats*, Journées René Savatier, PUF, 1986, p. 32

de la République Jacques Chirac, un premier avant-projet de réforme du droit des obligations et de la prescription fut alors proposé sous la direction de Pierre Catala et Geneviève Viney en 2005, faisant le choix de maintenir le juge à l'écart de la sphère contractuelle, tout en conservant la notion de cause. Un second groupe de travail a ensuite vu le jour en 2008 sous la direction de François Terré, ayant pour ambition d'augmenter les pouvoirs du juge, tout en s'appuyant sur les dispositions de l'avant-projet Catala-Viney[22]. La Chancellerie a, par la suite, élaboré un avant-projet en 2011 qui n'a fait l'objet d'aucune publication officielle. Pendant deux ans, la réforme était alors en sommeil, jusqu'à ce qu'en 2013, le gouvernement fut habilité à réformer par voie d'ordonnance l'ensemble du droit des obligations, à l'exception de la responsabilité civile. Parce que les dommages et intérêts n'ont pas été modifiés par la réforme du droit des contrats et qu'ils ont une vertu réparatrice et non sanctionnatrice, leur étude est écartée du champ des sanctions de l'inexécution. Si l'ordonnance portant réforme du droit des contrats a vu le jour le 10 février 2016, elle a été parachevée par la loi de ratification le 20 avril 2018, qui a opéré des modifications dans le texte initial.

6. **Réforme dans le temps –** L'étude des sanctions de l'inexécution après la réforme du droit des contrats suppose alors de regarder après le 1er octobre 2016, date d'entrée en vigueur de la réforme du droit des contrats, et le 1er octobre 2018, date d'entrée en vigueur de la loi de ratification de l'ordonnance, même si l'avant et l'après-réforme ne marquent pas une véritable rupture[23]. En effet, le droit antérieur reste applicable aux contrats conclus avant le 1er octobre 2016 selon le principe de survie de la loi ancienne[24]. Néanmoins, la réflexion juridique qui découle du droit nouveau nécessite d'étudier ce que sera demain le droit des contrats tel que modifié par la réforme. L'objet de cette étude n'est donc pas de cloisonner dans le temps le droit antérieur et le droit postérieur à la réforme, puisque le passé

[22] M. LATINA, « Rapport introductif : physionomie et mise en œuvre pratique de la réforme du droit des contrats », in *La réforme du droit des contrats en pratique*, M. LATINA (dir.), Dalloz, 2017

[23] B. MALLET-BRICOUT, « 2016, ou l'année de la réforme du droit des contrats », RTD civ. 2016, p. 463

[24] C. civ. art. 2 : « La loi ne dispose que pour l'avenir ; elle n'a point d'effet rétroactif »

peut fournir des indices quant à l'application des nouveaux textes. À ce titre, si la réforme du droit des contrats a opéré une recodification à droit constant, elle a également été l'occasion d'une réécriture d'ensemble des sanctions de l'inexécution, opérant de véritables changements de forme, comme de fond.

7. Changements de forme – De forme, puisque les sanctions de l'inexécution sont désormais regroupées dans une section V au sein du chapitre IV relatif aux effets du contrat, lui-même inséré dans un titre III consacré aux sources de l'obligation. Les sanctions de l'inexécution font désormais l'objet d'une présentation claire et exhaustive à l'article 1217 du Code civil, sans qu'elle soit perturbée par le type d'obligation ou par la nature synallagmatique du contrat, conformément aux attentes de certains auteurs[25]. Fortement inspirée de la *remedial approach* en *Common law*, la réforme se veut donc plus lisible et didactique, à l'image d'un « plan de cours »[26], regroupant les sanctions autrefois éclatées dans un texte d'annonce unique. Le texte final a d'ailleurs abandonné le terme « remède » pour le terme classique de « sanction ». D'abord, le terme « remède » suppose la mise en œuvre de mécanismes permettant de conserver le lien contractuel en remédiant à l'inexécution. Or, certaines sanctions sont, à l'inverse, destinées à anéantir le contrat en raison de l'inexécution. Ensuite, le terme « remède », ayant une fonction curative, ne peut intervenir qu'en cas d'inexécution avérée. Cependant, certaines sanctions permettent de réagir face à un risque d'inexécution. Inspiré des projets européens, le terme « remède » ne rendait donc que très imparfaitement compte de certains mécanismes, c'est la raison pour laquelle cet anglicisme a été opportunément abandonné au profit du terme traditionnel de « sanction »[27].

---

[25] D. TALLON, « L'inexécution du contrat : pour une autre présentation », RTD civ. 1994

[26] J.-L. AUBERT et F. COLLART DUTILLEUL, *Le contrat. Droit des obligations*, Dalloz, 5e éd., 2017, p. 6 ; dans le même sens V. G. CHANTEPIE et M. LATINA, *op. cit.*, n° 33

[27] Y.-M. LAITHIER, *Étude comparative des sanctions de l'inexécution du contrat*, t. 419, thèse Paris, LGDJ, 2004, p. 9

8. Changements de fond – De fond, puisque certaines sanctions sont désormais assorties de nouvelles modalités, alors que d'autres ont fait leur apparition dans le droit commun des contrats. En effet, plus des trois quarts des dispositions relatives à l'inexécution du contrat ont été modifiées par l'ordonnance. Elle innove donc de manière assez profonde sans se contenter d'une simple recodification à droit constant. Ainsi, « la partie envers laquelle l'engagement n'a pas été exécuté, ou l'a été imparfaitement, peut : refuser d'exécuter ou suspendre l'exécution de sa propre obligation ; poursuivre l'exécution forcée en nature de l'obligation ; solliciter une réduction du prix ; provoquer la résolution du contrat ; demander réparation des conséquences de l'inexécution »[28]. À ce titre, les changements opérés par la réforme devaient répondre à plusieurs objectifs.

9. Ambitions de la réforme – Imprégnée des différents avant-projets de réforme, la réforme du droit des contrats témoigne d'un changement de paradigme et poursuit, à la manière d'un compromis, des objectifs hétérogènes qui ne répondent à aucun programme idéologique clairement défini[29]. D'abord, rendre le droit plus lisible et plus accessible, notamment par la consécration de solutions admises en jurisprudence, mais aussi par l'emploi de termes plus intelligibles et par une nouvelle présentation du Code civil. Ensuite, renforcer la protection de la partie faible, par l'introduction d'outils au service de la justice contractuelle et la prise en compte des inégalités entre les contractants. Enfin, rendre le droit français plus attractif, plus prévisible et plus efficace, par une analyse économique du droit et par la consécration de pouvoirs unilatéraux au bénéfice des contractants.

10. Problématique – Au regard de ces objectifs, la question se pose de savoir si les sanctions de l'inexécution après la réforme du droit

---

[28] C. civ. art. 1217

[29] J.-P. CHAZAL, « Quel programme idéologique pour la réforme du droit des contrats ? », D. 2015, p. 673 ; M. LATINA, « Apprécier la réforme », RDC 2016, p. 615 ; Y. LEROY, « Paradoxe(s) sur ordonnances », Dr. soc. 2018, p. 784 ; E. MOUIAL-BASSILANA, « Réforme du droit des contrats : la symbolique du paradoxe », BJS 2016, p. 629

des contrats sont en mesure d'assurer un équilibre entre les différentes valeurs véhiculées par la réforme et les différents pouvoirs conférés au créancier victime de l'inexécution. À cet effet, l'étude des sanctions de l'inexécution après la réforme du droit des contrats interroge quant à l'équilibre qu'il convient de rechercher entre d'une part, l'efficacité attendue des nouvelles sanctions de l'inexécution (Partie 1) et d'autre part, l'encadrement des nouvelles sanctions que peut invoquer le créancier (Partie 2).

11. Efficacité des sanctions – À cet égard, la réforme de 2016 élargit de manière considérable les pouvoirs unilatéraux des contractants au titre des sanctions de l'inexécution, insufflant une part de souplesse et d'efficacité dans leur mise en œuvre. Le créancier peut donc imposer au débiteur de respecter la force obligatoire du contrat, ou choisir de rétablir l'équilibre économique bouleversé par l'inexécution. Pourtant, le libéralisme qui semble attaché au régime de l'inexécution doit faire face à la prise en compte inédite du déséquilibre entre les contractants. Or la prise en compte des intérêts des parties vient nécessairement affaiblir l'efficacité des sanctions de l'inexécution.

12. Encadrement des sanctions – À l'image de cette synthèse effectuée par le législateur entre libéralisme et solidarisme, les nouvelles sanctions de l'inexécution, par leur caractère unilatéral, doivent être encadrées afin que leur exercice irrégulier ou abusif soit sanctionné, que cet encadrement procède d'un contrôle *a posteriori* par le juge ou qu'il procède d'une hiérarchisation implicite. Toutefois, un tel encadrement ne doit pas être excessif au risque de porter atteinte à l'efficacité attendue des sanctions de l'inexécution.

PREMIÈRE PARTIE
L'EFFICACITÉ DES NOUVELLES SANCTIONS DE L'INEXÉCUTION

13. Nouvelles sanctions – La volonté du législateur de renforcer l'attractivité du droit français par la réforme issue de l'ordonnance n° 2016-131 du 10 février 2016 découle de la nécessité de s'adapter aux enjeux d'une économie mondialisée. Le législateur a donc émis le souhait d'insuffler plus d'efficacité dans le droit des contrats, ainsi que dans les sanctions de l'inexécution.[30] La nouvelle section du Code civil relative aux sanctions de l'inexécution du contrat est sans doute la plus novatrice à ce titre, codifiant certaines créations jurisprudentielles ou ajoutant des sanctions frappées du sceau de l'innovation.[31]

14. Recherche d'efficacité – L'efficacité désigne le « caractère de ce qui est efficace », c'est-à-dire de ce qui parvient au résultat attendu.[32] Une sanction sera alors efficace si elle permet d'atteindre le but que le cocontractant lui a fixé[33]. À l'inverse, la sanction sera inefficace si elle ne produit pas l'effet attendu par le créancier victime de l'inexécution. « Analyser l'efficacité des normes, c'est fournir un guide lors de la prise de décision juridique »,[34] car la recherche d'efficacité illustre la volonté d'exercer une influence sur la solution juridique et d'évaluer la création d'effets normatifs par la sanction en fonction de l'objectif attendu.

---

[30] F. ROUVIÈRE, « Les valeurs économiques de la réforme du droit des contrats », RDC 2016, p. 600

[31] Pour des commentaires généraux sur la réforme, V. G. CHANTEPIE et M. LATINA, *Le nouveau droit des obligations. Commentaire théorique et pratique dans l'ordre du code civil*, Dalloz, 2016

[32] Def. Larousse 2019

[33] Y.-M. LAITHIER, *Étude comparative des sanctions de l'inexécution du contrat*, t. 419, thèse Paris, LGDJ, 2004, p. 18, n° 8

[34] G. CHANTEPIE, « L'efficacité attendue du contrat », RDC 2010, p. 347

15. Efficacité économique – Mais c'est aussi l'efficacité au sens économique du terme qui est analysée sous l'angle de la sanction de l'inexécution, souvent employée comme traduction du terme anglais *efficiency*[35], par la recherche de performance juridique afin de faciliter l'activité économique, de célérité telle qu'attendue dans le monde des affaires et d'une meilleure répartition des richesses[36]. La poursuite de cet objectif d'efficacité économique induit la nécessité de prévenir le contentieux et de pacifier les difficultés en cas d'inexécution du contrat.

16. Annonce – L'une des manifestations en faveur de l'efficacité des nouvelles sanctions de l'inexécution est l'unilatéralisme qui a fait son entrée dans le Code civil, à l'instar de ce qui existait déjà dans la plupart des systèmes juridiques étrangers, offrant au créancier le pouvoir d'agir sans recourir au juge.[37] Imprégné d'un unilatéralisme croissant, le droit commun des contrats a muni le créancier de puissants outils destinés à sanctionner efficacement l'inexécution contractuelle de son débiteur en lui offrant la possibilité : soit d'obtenir le respect de la force obligatoire du contrat (Chapitre 1), soit d'obtenir le rétablissement de l'équilibre économique bouleversé par l'inexécution du débiteur (Chapitre 2).

---

[35] E. MACKAAY, « L'efficacité du contrat – une perspective d'analyse économique du droit », *in L'efficacité du contrat*, G. LARDEUX (dir.), Dalloz, 2011, p. 31 s.

[36] G. LARDEUX, « Droit positif et droit prospectif de l'unilatéralisme dans le contrat », in *L'efficacité du contrat*, G. LARDEUX (dir.), Dalloz, 2011, p. 4

[37] B. DESHAYES, « Un nouvel espace pour le droit des affaires », Gaz. Pal. 2017, p. 31

CHAPITRE PREMIER
LES SANCTIONS ASSURANT LE RESPECT DE LA FORCE OBLIGATOIRE

17. ***Pacta sunt servenda*** **–** L'article 1217 du Code civil, qui énumère les différentes sanctions en cas d'inexécution, dispose que le contractant qui subit celle-ci peut « poursuivre l'exécution forcée en nature de l'obligation ». Outre le caractère trompeur du terme « en nature » qui apparaît faire doublon avec le terme « forcée »[38], la sanction de l'exécution forcée permet au créancier d'obtenir satisfaction et de faire exécuter ce pour quoi le débiteur s'est engagé. Celle-ci puise alors sa légitimité directement dans son corollaire, qui n'est autre que la force obligatoire du contrat, dont l'une des émanations textuelles les plus célèbres est désormais affirmée à l'article 1103 du Code civil[39]. Plus précisément, l'article 1341 du Code civil dispose que « le créancier a droit à l'exécution de l'obligation ; il peut y contraindre le débiteur dans les conditions prévues par la loi ». La force obligatoire du contrat est alors pleinement réaffirmée au titre de l'exécution forcée, se traduisant par un « effet de contrainte »[40], voire un « droit de propriété du créancier sur la prestation qui lui a été promise »[41], justifiant l'exécution forcée comme étant la plus élémentaire des sanctions de l'inexécution.

18. Exécution forcée en nature et réparation en nature – L'exécution forcée en nature n'est pas une réparation en nature, c'est-

---

[38] F. ZENATI-CASTAING et T. REVET, *Cours de droit civil - Contrats, Théorie générale - Quasi-contrats*, PUF, 2014, n° 173 ; M. MIGNOT, « Commentaire article par article de l'ordonnance portant réforme du droit des contrats, du régime général et de la preuve des obligations (VI) », LPA 2016, p. 5 : « L'exécution forcée relève principalement des procédures civiles d'exécution et concerne pratiquement toutes les sanctions. L'exécution en nature concerne toute obligation et peut être spontanée ou forcée selon les cas. »

[39] C. civ. art. 1103 : « Les contrats légalement formés tiennent lieu de loi à ceux qui les ont faits. »

[40] J.-L. AUBERT et F. COLLART DUTILLEUL, *Le contrat, Droit des obligations*, Dalloz, 5e éd., 2017, p. 118

[41] T. GENICON, note sous Civ. 3e, 16 juin 2015, n° 14-14.612, RDC 2015, p. 839

à-dire la condamnation du débiteur à fournir une prestation distincte de celle à laquelle il était tenu afin de compenser, au moins partiellement, la perte causée par l'inexécution. Certains estiment toutefois que l'exécution et la réparation en nature se confondent, alors que d'autres les distinguent[42]. Telle a pu être la position de la jurisprudence, considérant que « l'obligation de réparer le dommage est distincte de l'obligation contractuelle dont la violation a causé le dommage »[43]. À ce titre, l'intégration future de la réparation en nature dans le Code civil par l'avant-projet de réforme de la responsabilité civile[44] tend à consacrer la distinction entre la sanction de l'exécution forcée et la réparation en nature.

19. Choix du créancier – Outre les modifications substantielles apportées par le législateur en 2016, désormais le créancier a le choix de mettre en œuvre de manière unilatérale deux variétés d'exécution forcée.

20. Annonce – D'une part, l'article 1221 du Code civil autorise le créancier à demander classiquement au débiteur l'exécution de sa prestation (Section 1) et d'autre part, l'article 1222 du Code civil permet au créancier de demander à un tiers d'exécuter la prestation due par son débiteur (Section 2).

SECTION 1
L'EXÉCUTION FORCÉE DEMANDÉE AU DÉBITEUR

21. Annonce – L'exécution forcée par le débiteur, prévue à l'article 1221 du Code civil, suppose que le créancier de l'obligation inexécutée puisse forcer le débiteur à lui fournir exactement ce à quoi il s'était engagé[45]. Ce texte conforte ainsi la primauté de la sanction

---

[42] P. RÉMY-CORLAY, « Exécution et réparation : deux concepts ? », RDC 2005, p. 13

[43] Civ. 3e, 28 févr. 1969, Bull. civ. III, n° 182

[44] Avant-projet de loi de réforme de la responsabilité civile, art. 1260 et 1261

[45] C. civ. art. 1221 : « Le créancier d'une obligation peut, après mise en demeure, en poursuivre l'exécution en nature sauf si cette exécution est impossible ou

(Paragraphe 1). Toutefois, les modalités de mise en œuvre prévues par le nouveau Code civil perturbent le principe de force obligatoire et affectent sa valeur symbolique, provoquant la relativisation du droit à l'exécution forcée (Paragraphe 2).

§. 1 LA PRIMAUTÉ DU DROIT À L'EXÉCUTION FORCÉE

22. Annonce – La place de l'exécution forcée dans la liste des sanctions visées par l'article 1217 du Code civil conforte symboliquement la primauté de la sanction qui a pu être déniée par certains auteurs[46] et affirme l'autonomie du droit à l'exécution forcée du créancier, qui ne relève plus des procédures civiles d'exécution[47]. Cette primauté du droit à l'exécution forcée est consacrée par l'abandon de la distinction entre les types d'obligation (A) d'une part, ainsi que par l'indifférence de la gravité de l'inexécution (B) d'autre part.

A. L'abandon de la distinction entre les types d'obligation

23. Obligation de donner, de faire et de ne pas faire – Sous l'empire de l'ancien article 1142 du Code civil, toute obligation de faire et de ne pas faire devait nécessairement se résoudre en dommages et intérêts en cas d'inexécution de la part du débiteur défaillant[48]. Il était alors impossible d'en demander l'exécution forcée. La distinction était ainsi faite entre les obligations de donner, ayant pour objet un transfert de propriété, qui devaient se résoudre en nature par le biais de l'exécution forcée, et les obligations de faire et de ne pas faire qui ne pouvaient se résoudre que par l'octroi de dommages et intérêts.

---

s'il existe une disproportion manifeste entre son coût pour le débiteur de bonne foi et son intérêt pour le créancier. »

[46] Y.-M. LAITHIER, « La prétendue primauté de l'exécution en nature », RDC 2005, p. 161

[47] Id., « *Les règles relatives à l'inexécution des obligations contractuelles* », JCP 2015, p. 47

[48] C. civ. art. 1142 ancien : « Toute obligation de faire ou de ne pas faire se résout en dommages et intérêts en cas d'inexécution de la part du débiteur. »

24. Selon la conception ancienne du Code civil, la force obligatoire du contrat devait donc fléchir face à la liberté individuelle du débiteur et excluait d'exposer celui-ci à une contrainte en nature au titre des obligations de faire et de ne pas faire. Ce principe a toutefois rapidement été renversé par la doctrine et la jurisprudence, modifiant complètement la portée de l'article 1142 et rendant nécessaire la réforme, afin qu'un droit général à l'exécution soit affirmé en principe.

25. Limites apportées à l'article 1142 du Code civil – En effet, l'exécution forcée apparaît être la seule sanction permettant de réaliser les droits du créancier : ayant donné son consentement, le débiteur n'a pas d'autres choix que de respecter la parole donnée selon le principe de la force obligatoire du contrat. La doctrine considérait alors que la condamnation au paiement de dommages et intérêts ne concernait que les obligations de faire affectées par une impossibilité d'exécuter en nature, qu'il s'agisse d'une impossibilité matérielle, juridique ou morale. La doctrine faisait donc du principe posé par l'article 1142 du Code civil l'exception. D'autres textes, tels que l'article L. 111-1 du Code des procédures civiles d'exécution[49] et l'article 1184 du Code civil[50], ont pu être utilisés afin de justifier la primauté de l'exécution forcée en nature.

26. Exemples jurisprudentiels – La jurisprudence, conformément à cette analyse, a ainsi reconnu au créancier d'une obligation de faire un droit à l'exécution forcée, qui s'est illustré au travers de quelques arrêts rendus par la troisième chambre civile. Dans une affaire jugée en 2005, des époux ayant fait bâtir une maison avaient demandé aux juges du fond d'ordonner la condamnation de la société de construction à la reconstruction de la maison en raison d'une insuffisance de niveau de 33 centimètres par rapport aux stipulations contractuelles. Les juges du fond avaient refusé,

---

[49] C. pr. civ. ex. art. L. 111-1 : « Tout créancier peut, dans les conditions prévues par la loi, contraindre son débiteur défaillant à exécuter ses obligations à son égard. »
[50] C. civ. art. 1184 ancien : « La partie envers laquelle l'engagement n'a point été exécuté, a le choix ou de forcer l'autre à l'exécution de la convention lorsqu'elle est possible, ou d'en demander la résolution avec dommages et intérêts. »

au motif qu'une telle non-conformité ne rendait pas l'immeuble impropre à sa destination et à son usage et ne portait pas sur des éléments essentiels et déterminants du contrat. L'arrêt est cassé par la troisième chambre civile qui dispose dans son attendu qu'« en statuant ainsi, alors qu'elle avait constaté que le niveau de la construction présentait une insuffisance de 0,33 mètre par rapport aux stipulations contractuelles, la cour d'appel qui n'a pas tiré les conséquences légales de ses propres constatations, a violé le texte susvisé »[51]. Puisque la limite à l'exécution forcée relative aux obligations de faire avait déjà été cantonnée par la doctrine et par la jurisprudence, la distinction entre les obligations de faire, de ne pas faire et de donner était ainsi vidée de sa substance. Le texte devait alors être ajusté à la pratique jurisprudentielle, la réforme du droit des contrats ne faisant qu'entériner une évolution largement souhaitée[52].

27. Principe du droit à l'exécution – À cette occasion, certains auteurs ont évoqué l'exécution en nature comme un droit subjectif du créancier, conformément aux principes Unidroit et aux Principes du droit européen des contrats[53]. Il ne fait désormais plus aucun doute que l'article 1221 « érige le droit à l'exécution forcée en nature en règle de principe »[54] et renforce, par la même occasion, l'efficacité de la sanction. Le créancier, ainsi titulaire d'un droit à l'exécution forcée, permet d'obtenir du débiteur l'exécution de l'obligation contractuelle à laquelle il s'était engagé, quels que soient l'objet ou la nature de la prestation promise.

28. Primauté de l'exécution forcée – En érigeant l'exécution forcée en principe, les articles 1221 et 1341 du Code civil rejettent la solution admise en *common law,* consistant à faire primer

---

[51] Civ. 3e, 11 mai 2005, n° 03-21.136, Bull. civ. III, n° 103 ; D. 2005. 1504 ; RDI 2005. 299, obs. P. Malinvaud et 2006. 307, obs. O. Tournafond ; RTD civ. 2005. 596, obs. J. Mestre et B. Fages ; CCC 2005. Comm. 187, obs. L. Leveneur ; RDC 2006. 323, obs. D. Mazeaud

[52] J. ROCHFELD, « Remarques sur les propositions relatives à l'exécution et à l'inexécution du contrat : la subjectivation du droit de l'exécution », RDC 2006, p. 113

[53] J. ROCHFELD, *loc. cit.*

[54] Y.-M. LAITHIER, *loc. cit.*

les dommages et intérêts[55]. En effet, le principe de l'ancien article 1142 du Code civil, qui ne permettait que l'octroi de dommages et intérêts lorsque l'inexécution était relative à une obligation de faire et de ne pas faire, est opportunément renversé, établissant ainsi la primauté de l'exécution forcée. En outre, les anciens projets de réforme avaient également opté pour la primauté du droit à l'exécution forcée en nature, le plaçant au premier rang dans les sanctions de l'inexécution[56]. Le principe d'exécution forcée garantit alors l'exécution du contrat tel qu'il avait était conçu par les contractants, donnant à la créance son utilité finale et offrant au créancier le droit d'obtenir l'exécution d'une obligation qui n'a pas été exécutée ou qui ne l'a été qu'imparfaitement[57], contrairement aux autres sanctions de l'inexécution.

29. Application à la promesse unilatérale – A l'occasion de la réforme du droit des contrats, le législateur a confirmé le principe de l'exécution forcée et celui de la force obligatoire, notamment en renforçant la promesse unilatérale de contrat[58]. Alors que la Cour de cassation décidait, qu'en cas de révocation de son engagement par le promettant pendant le délai d'option accordé au bénéficiaire, la sanction ne pouvait conduire qu'à l'octroi de dommages et intérêts au bénéficiaire de la promesse, l'article 1124 alinéa 3 a neutralisé cette jurisprudence[59]. La Cour de cassation considérait, à ce titre, que le promettant devait maintenir son consentement en vertu d'une obligation de faire.

---

[55] S. DE LUCA, « Quelle place en droit français pour les dommages et intérêts à titre punitif ? Analyse des perspectives et des problèmes à travers une étude des droits anglais et américain », 2011-2012 (http://mja-assas.fr/wp-content/uploads/Dommages-et-intérêts-à-titre-punitif_Stéphanie-DE-LUCA_2012.pdf, date de consultation : 8 oct. 2018 ; H. BEALE, « La réforme du droit français des contrats et « le droit européen des contrats » : perspective de la law commission anglaise », RDC 2006, p. 135

[56] Avant-projet Terré, art. 105 ; Avant-projet Catala, art. 1152 ; PDEC, art. 9. 102

[57] J.-S. BORGHETTI, « A la recherche d'une sanction méconnue de l'inexécution contractuelle : la correction de la mauvaise exécution », in *Mélanges en l'honneur de François Collart Dutilleul*, Dalloz, 2017

[58] Y.-M. LAITHIER, « Les sanctions de l'inexécution du contrat », RDC 2016, p. 39

[59] C. civ. Art. 1124 al. 3 : « Le contrat conclu en violation de la promesse unilatérale avec un tiers qui en connaissait l'existence est nul. »

Cette justification était contestable et la jurisprudence « Cruz »[60] a donc été brisée par l'article 1124, alinéa 2 du Code civil qui consacre une solution totalement opposée. Ainsi, « la révocation de la promesse pendant le temps laissé au bénéficiaire pour opter n'empêche pas la formation du contrat promis », conformément aux principes de force obligatoire et d'exécution forcée[61]. Cette sanction découle de l'analyse unitaire du consentement du promettant figurant dans la définition de la promesse unilatérale. En donnant son consentement au contrat de promesse unilatérale, le promettant donne logiquement, dans le même temps, son consentement au contrat promis, puisque seul manque à ce dernier le consentement du bénéficiaire pour que le contrat soit définitivement formé. La force obligatoire de la promesse unilatérale de contrat interdit donc au promettant de se rétracter et permet ainsi au bénéficiaire de la promesse de réclamer son exécution forcée.

30. Transition – Ce droit à l'exécution forcée se trouve d'autant plus renforcé qu'aucune gravité dans l'inexécution n'est requise pour que le créancier exige l'exécution forcée par le débiteur (B).

B. L'indifférence de la gravité de l'inexécution

31. Unilatéralisme et mise en demeure – Pour que l'exécution soit imposée au débiteur, seule une mise en demeure préalable est requise. La mise en demeure est un avertissement solennel adressé par un créancier à son débiteur dans laquelle le créancier somme le débiteur d'exécuter ses obligations et lui impartit un délai pour ce faire, marquant la volonté non équivoque du créancier d'obtenir ce qui lui a été promis[62]. La mise en demeure est justifiée

---

[60] Civ. 3e, 15 déc. 1993, n° 91-10.199, Bull. civ. III, n° 174, p. 115 ; D. 1994, p. 507, note F. Benac-Schmidt ; ibid. somm. p. 230, obs. O. Tournafond ; D. 1995, somm. p. 88, obs. L. Aynès ; JCP G 1995, II 22366, note D. Mazeaud ; Defrénois 1994, art. 35845, note Ph. Delebecque ; RTD civ. 1994, p. 588, obs. J. Mestre

[61] D. MAINGUY, « Promesse unilatérale et pacte de préférence : des définitions inopérantes », Dr. et patr. 2014, n° 240, p. 44

[62] C. civ. art. 1344 : « Le débiteur est mis en demeure de payer soit par sommation ou un acte portant interpellation suffisante ou, si le contrat le prévoit, la seule exigibilité de l'obligation. »

par les pouvoirs unilatéraux accordés au créancier dans la mise en œuvre des sanctions. En effet, le créancier doit laisser une chance au débiteur d'exécuter spontanément avant de demander l'exécution forcée conformément à la loyauté que se doivent les parties. Si la mise en demeure est une condition nécessaire, elle est suffisante.

32. Exécution forcée en nature et exécution spontanée – L'exécution forcée suppose en toute logique qu'il n'y a pas eu d'exécution spontanée de la part du débiteur, c'est-à-dire qu'il y a eu une inexécution fautive. Dès lors, peu importe qu'elle soit partielle, totale, temporaire ou définitive. Toutefois, c'est une condition nécessaire, le simple risque d'inexécution étant insuffisant à ouvrir la voie de l'exécution forcée contrairement à l'exception d'inexécution.

33. Absence d'exigence de gravité – Le créancier n'a donc pas à apporter la preuve d'une quelconque gravité dans l'inexécution de son cocontractant. Ce principe a été traditionnellement affirmé par la Cour de cassation considérant qu'« une obligation contractuelle peut faire l'objet d'une exécution forcée indépendamment de la gravité du manquement contractuel »[63]. L'indifférence de la gravité de l'inexécution est en réalité une condition commune aux nouveaux articles 1221 et 1222 du Code civil. Contrairement aux autres sanctions de l'inexécution, le constat d'une inexécution suffit à mettre en œuvre l'exécution forcée sans qu'il soit nécessaire de démontrer une quelconque gravité.

34. Absence d'exigence d'un préjudice – De la même manière, peu importe que le manquement contractuel du débiteur ait causé un préjudice au créancier puisque c'est la force obligatoire du contrat qui fonde le droit du créancier à l'exécution forcée[64]. C'est là une différence entre, d'une part, la responsabilité contractuelle qui nécessite, pour être mise en œuvre, la réunion d'une inexécution, d'un préjudice et d'un lien de causalité entre

[63] Civ. 3e, 22 mai 2013, n° 12-16.217, RDC 2014. 22, obs. Laithier ; JCP 2013. 11, 974, obs. Grosser

[64] B. FAGES, *Droit des obligations*, LGDJ, 2016, n° 291

l'inexécution et le préjudice et, d'autre part, de l'exécution forcée pour laquelle seule l'inexécution suffit.

35. Preuve de l'inexécution – En insufflant plus de souplesse à cette sanction, son efficacité se trouve alors inexorablement renforcée. Surtout, cette solution conforte la primauté de l'exécution forcée puisqu'elle pourra être invoquée par le simple constat de l'inexécution de la part du débiteur, facilitant ainsi la charge de la preuve du créancier.

36. Transition – Codifié et consacré par la réforme, le principe de l'exécution imposée au débiteur connait toutefois quelques exceptions qui viennent contrebalancer la primauté de l'exécution forcée et rendre ce droit relatif (Paragraphe 2).

§. 2 LA RELATIVITÉ DU DROIT À L'EXÉCUTION FORCÉE

37. Annonce – L'exécution forcée peut être classiquement évincée par des impossibilités que le législateur a codifiées, mais surtout par l'ajout d'une condition nouvelle au titre des exceptions d'origine légale (A). C'est plutôt par le biais de la liberté contractuelle (B) qu'est susceptible de se manifester la relativité du droit à l'exécution forcée.

A. Les exceptions d'origine légale

38. Annonce – L'article 1221 du Code civil pose deux limites à l'exécution forcée : la première concerne classiquement l'impossibilité qui avait été dégagée par la jurisprudence sur le fondement des articles 1142 du Code civil et qui a été opportunément codifiée par le législateur malgré l'abandon de la distinction des obligations de faire, de ne pas faire et de donner.

1. Impossibilité d'exécuter

39. Annonce – L'impossibilité n'a pas été définie par le législateur, néanmoins si l'on se réfère à la jurisprudence, plusieurs sortes d'impossibilité ont pu être dégagées par les arrêts rendus par la Cour de cassation.

40. Impossibilité matérielle – D'abord, l'impossibilité d'exécuter peut se traduire dans une impossibilité matérielle comme la délivrance d'un bien détruit[65] ou la délivrance d'un bien qui a arrêté d'être fabriqué[66]. Il s'agit d'une simple application de la maxime : « À l'impossible, nul n'est tenu ».

41. Impossibilité juridique – Ensuite, elle peut être caractérisée par une impossibilité juridique, tel est le cas de la cession d'un bien, qui fait échec à sa revendication entre les mains du tiers[67].

42. Impossibilité morale – Enfin, l'impossibilité morale suppose que nul ne puisse être physiquement contraint de réaliser une prestation à caractère personnel[68]. Le cas d'école étant le peintre qui ne peut être condamné à livrer un tableau[69] ou l'enseignant qui ne peut être contraint de délivrer un cours[70].

43. Précision opportune ? – En outre, il n'était pas nécessaire que le législateur précise que l'exécution en nature n'est pas possible lorsqu'elle est, par nature, impossible à mettre en œuvre. Il aurait été préférable de reprendre comme limite celle de l'atteinte directe à la liberté du débiteur qui est communément admise par la jurisprudence[71]. De plus, l'impossibilité participe plus de l'affirmation du principe du droit à l'exécution en faisant de l'impossibilité une exception, que de sa relativité étant donné

---

[65] Civ. 1re, 9 déc. 1986, n° 85-15.160, Bull. civ. I, no 291 ; JCP 1987. IV. 60

[66] Com. 5 oct. 1993, n° 90-21.146, Bull. civ. IV, no 313 ; RTD com. 1994. 343, obs. Bouloc

[67] Civ. 1re, 27 nov. 2008, n° 07-11.282, Bull. civ. I, no 269 ; AJDI 2009. 218, obs. La Vaissière

[68] W. JEANDIDIER, « L'exécution forcée des obligations contractuelles de faire », RTD civ. 1976, p. 700

[69] Civ. 1re, 14 mars 1900, DP 1900, 1, 497, note Planiol

[70] TI Paris, 3 oct. 1968, Gaz. Pal. 1968, 2, jur. 345, note Doucet

[71] P. LEMAY, « L'inexécution du contrat : l'exécution forcée en nature », *Blog Réforme du droit des obligations*, Dalloz, 2015, M. LATINA et G. CHANTEPIE : http://reforme-obligations.dalloz.fr/2015/04/02/linexecution-du-contrat-lexecution-forcee-en-nature/, date de consultation : 3 févr. 2019

le faible impact en pratique de cette disposition. En revanche, la seconde limite consacrée par le législateur a été source de vives critiques doctrinales.

2. Disproportion manifeste entre le coût pour le débiteur et l'intérêt du créancier

44. Nouvelle exception – L'article 1221 innove et opère une modification radicale du droit antérieur en apportant à l'exécution forcée une nouvelle exception. Alors qu'une partie de la doctrine avait suggéré que soit prise en compte la disproportion entre le coût pour le débiteur et l'intérêt du créancier[72], ce vœu a été exaucé par les rédacteurs de la réforme qui ont intégré les données économiques en droit commun des contrats. Cette innovation, jusqu'alors rejetée en droit français[73], a énormément agité la doctrine. Beaucoup considèrent cette disposition comme une entrave à la sécurité juridique, reprochant d'introduire *l'efficient breach of contract* dans le droit français et de réduire la portée du principe de la force obligatoire du contrat à néant selon une vision économique et utilitariste du droit[74]. D'autres considèrent, à l'inverse, qu'elle n'emportera probablement pas une modification majeure du droit français[75].

45. Prise en compte de l'intérêt du débiteur – Pourtant, le changement est inévitable puisque le juge devra nécessairement examiner la proportionnalité entre l'intérêt du créancier et le coût pour le débiteur. Or, la tâche du magistrat ne sera pas aisée tant il semble difficile de comparer un « coût », c'est-à-dire le montant des dépenses engagées par le débiteur fautif, à un « intérêt », c'est-à-

---

[72] Y.-M. LAITHIER, *Étude comparative des sanctions de l'inexécution du contrat*, t. 419, thèse Paris, LGDJ, 2004, p. 181

[73] Civ. 3e, 11 mai 2005, *op. cit.*

[74] T. GENICON, « Contre l'introduction du « coût manifestement déraisonnable » comme exception à l'exécution forcée en nature », Dr. et patr. 2014, p. 63 ; G. CAUVIN, « L'exécution forcée des contrats de construction dans le nouveau droit des obligations », Gaz. Pal. 2019, p. 65

[75] D. MAINGUY, « Du « coût manifestement déraisonnable » à la reconnaissance d'un « droit d'option » », Dr. et patr. 2014, p. 60

dire l'utilité que retire le créancier de l'exécution forcée. Lorsque l'intérêt moral du créancier sera confronté à l'intérêt financier du débiteur, lequel devra être pris en compte au détriment de l'autre ? Dans la logique de la réforme du droit des contrats, qui place l'efficacité économique comme l'un des objectifs à atteindre, il est possible que l'utilité pour le créancier de l'exécution du contrat cède devant le coût excessif pour le débiteur. Dès lors, il serait regrettable qu'un intérêt financier soit considéré comme supérieur aux autres. Seuls les juges du fond, par leurs décisions futures, seront en mesure de répondre à ces incertitudes.

46. Fin d'une jurisprudence excessive ? – Cependant, il est certain que les décisions rendues par la Cour de cassation, qui ordonnaient l'exécution forcée, alors même que l'exécution pour le débiteur était manifestement disproportionnée par rapport au préjudice subi par le créancier, cesseront d'exister pour l'avenir. À ce titre, dans le domaine de la construction, la Cour de cassation avait pu censurer, au visa de l'ancien article 1184 du Code civil, un arrêt ayant refusé d'ordonner la démolition et la reconstruction d'un ouvrage au terme d'une comparaison entre le préjudice limité subi par le créancier et le montant exorbitant des travaux envisagés[76]. Il est donc fort à parier qu'avec l'introduction de cette nouvelle exception, une telle solution ne pourra plus être cassée. Néanmoins, les hypothèses qui renvoient à une « disproportion manifeste » étant rares et limitées, il est peu probable que cela entraine une réelle modification du droit antérieur[77].

47. Sanction de l'abus du créancier – À cet égard, la prise en compte de l'utilité économique n'est pas dénuée d'intérêt et permet, en réalité, de sanctionner les abus du créancier qui voudrait à tout prix recourir à l'exécution forcée[78]. Il s'agit simplement d'éviter que l'exécution forcée ne soit prononcée, à tort et de manière abusive, dans des hypothèses où une autre sanction de l'inexécution pourrait

---

[76] Civ. 3e, 16 juin 2015, n° 14-14.612, RTD civ. 2016. 107, obs. Barbier ; RDC 2015. 839, obs. Genicon

[77] G. CHANTEPIE et M. LATINA *op. cit.*, n° 638

[78] N. DISSAUX et C. JAMIN, *Réforme du droit des contrats, du régime général et de la preuve des obligations*, Dalloz, 2016, p. 130

pleinement satisfaire le créancier, alors que l'exécution forcée en nature serait économiquement préjudiciable pour le débiteur.

48. Débiteur de bonne foi – D'ailleurs, le principe de bonne foi semble innerver cette nouvelle exception. À cet égard, le projet de loi de ratification de l'ordonnance du 10 février 2016 réserve cette limitation de l'exécution forcée en nature au débiteur « de bonne foi », afin d'éviter tout comportement frauduleux de la part du débiteur qui pourrait être incité à préférer fournir une mauvaise exécution en comptant sur cette nouvelle exception et ainsi échapper à l'exécution forcée. Le débiteur de mauvaise foi serait donc celui qui a cherché à se placer sous la protection des dispositions légales pour réaliser des économies en fournissant une prestation imparfaite. À ce titre, les hypothèses qui ont pu être dégagées par une partie de la doctrine, considérant que la nouvelle exception est en contradiction totale avec la force obligatoire en ce qu'elle limite considérablement le droit du créancier, ne trouveront pas à s'appliquer dès lors que le débiteur sera de mauvaise foi, ne faisant *a priori* aucun « cadeau aux entreprises »[79]. Cette exception apparaît être un compromis équilibré entre le principe du respect de la parole donnée permettant la mise en œuvre de l'exécution forcée et la protection des intérêts du débiteur garantis par l'exception du coût manifestement excessif[80]. Il n'en reste pas moins que la bonne foi fait l'objet d'une présomption simple. Il appartiendra donc au créancier de démontrer que son débiteur a sciemment violé le contrat. Or, cette preuve peut s'avérer difficile à rapporter en pratique.

49. Position actuelle de la jurisprudence – À ce titre, la Cour de cassation, qui avait tendance à mettre en concordance la jurisprudence ancienne avec les règles légales nouvelles, n'a pas souhaité anticiper l'application de la réforme concernant la nouvelle exception de disproportion manifeste[81]. Cette position

---

[79] L. LEVENEUR, « Table ronde : faut-il avoir confiance en la réforme ? », RDC 2015, p. 661
[80] S. AMRANI MEKKI et B. FAUVARQUE-COSSON, « Droit des contrats », RTD. civ. 2008, p. 2965
[81] Civ. 3e, 12 avr. 2018, n° 17-26906

de la Cour de cassation apparaît étonnante puisqu'elle a affirmé, à plusieurs reprises, sa volonté de conformer ses décisions à « l'évolution du droit des obligations » à propos de contrats conclus avant le 1er octobre 2016[82]. Si la Cour de cassation se refuse à appliquer cette nouvelle exception, bien qu'il s'agisse de contrats antérieurs à la réforme, peut-être que cela témoigne de la pusillanimité future de la Cour à admettre la nouvelle exception de disproportion manifeste.

50. Transition – Les exceptions légales, qu'elles soient anciennes ou nouvelles, doivent également être combinées à celles tenant à la liberté contractuelle qui est susceptible de tempérer le droit à l'exécution forcée (B).

B. Les exceptions tenant à la liberté contractuelle

51. Sanction des clauses abusives dans les contrats d'adhésion – La liberté contractuelle suppose que les parties puissent aménager contractuellement le principe de l'exécution forcée. L'appréciation de la validité d'une clause est désormais différente selon qu'elle figure dans un contrat de gré à gré ou dans un contrat d'adhésion. Selon l'article 1110 du Code civil, le premier est celui dont les stipulations sont négociables entre les parties, tandis que le second est celui qui comporte un ensemble de clauses non négociables, déterminées à l'avance par l'une des parties[83]. Si la distinction mérite d'être faite, c'est parce que le nouvel article 1171 du Code civil qui est susceptible de s'appliquer aux clauses organisant l'inexécution contractuelle prévoit désormais la sanction des clauses abusives dans les contrats d'adhésion. Plus précisément, il dispose que « toute clause non négociable, déterminée à l'avance par l'une des parties, qui crée un déséquilibre significatif entre les droits et obligations des parties au contrat est réputée non écrite ».

---

[82] Mixte, 24 févr. 2017, n° 15- 20.411 ; Soc. 21. sept. 2017, n° 16-20103 et 16-20104 ; Com. 6 déc. 2017, n° 16-19.615 ; Com., 7 février 2018, n° 16- 2035

[83] C. civ. art. 1110 : « Le contrat de gré à gré est celui dont les stipulations sont négociables entre les parties.
Le contrat d'adhésion est celui qui comporte un ensemble de clauses non négociables, déterminées à l'avance par l'une des parties. »

52. Clause de renonciation à l'exécution forcée – Alors que le principe du droit du créancier à l'exécution forcée de son débiteur constitue un principe fondamental en raison de la force obligatoire du contrat, il ne semble pas être d'ordre public[84]. Il est donc tout à fait envisageable pour les parties de convenir qu'en cas d'inexécution de l'obligation due par le débiteur, ce dernier ne pourrait être condamné à une exécution forcée, lui substituant une autre sanction de l'inexécution. L'exécution forcée pourrait également être soumise à une condition qui n'a pas été prévue par les textes, comme la gravité du comportement du débiteur.

53. De la même manière, alors que la promesse unilatérale de contrat est en principe efficace même si le promettant rétracte sa promesse durant le délai d'option, les parties pourraient tout à fait convenir d'une clause qui écarterait le droit du bénéficiaire d'imposer l'exécution de la promesse unilatérale. En effet, alors qu'une telle solution semble être en faveur de la jurisprudence « Consorts Cruz »[85] qui avait pourtant vocation à être brisée, la liberté contractuelle devrait pouvoir jouer en l'espèce. À l'appui de cette idée, il convient de rappeler que la Cour de cassation admettait, en sens inverse, les clauses d'exécution forcée dans les promesses unilatérales de contrat[86]. Dès lors, il est possible que la Cour de cassation admette la validité des clauses qui écartent le droit du bénéficiaire d'imposer l'exécution de la promesse unilatérale, sous réserve des dispositions de l'article 1171 du Code civil.

54. Clause de renonciation à la mise en demeure – L'exigence de mise en demeure pourrait également faire l'objet d'une clause qui en dispenserait le créancier pour la mise en œuvre de l'exécution

---

[84] M. MEKKI, « L'ordonnance n° 2016-131 du 10 février 2016 portant réforme du droit des contrats, du régime général et de la preuve des obligations. Le volet droit des contrats : l'art de refaire sans défaire », D. 2016, p. 494

[85] C. PÉRÈS, « Règles impératives et supplétives dans le nouveau droit des contrats », JCP 2016, p. 454, n° 16

[86] Civ. 3e, 27 mars 2008, n° 07-11.721, D. 2008. 2965, obs. S. Amrani- Mekki; RTD civ. 2008. 475, obs. B. Fages; JCP 2008. II. 10147, obs. G. Pillet; RDC 2008. 734, obs. D. Mazeaud, 1239, obs. F. Collart-Dutilleul, et 2009. 143, obs. P. Brun

forcée. À cet égard, la lettre de l'article 1344 dispose que la mise en demeure peut résulter, si le contrat le prévoit, de la seule exigibilité de l'obligation. Une clause de dispense de mise en demeure semble dès lors valable à condition d'être expresse et non équivoque, c'est-à-dire que « la dispense de mise en demeure ne peut être déduite d'une volonté tacite » et que « la volonté des parties doit être claire et certaine »[87].

55. Clause de renonciation à l'exception de disproportion manifeste – S'agissant de la clause qui écarterait l'exception de disproportion manifeste, certains auteurs considèrent qu'elle serait valable puisque constituant un moyen de répartir et d'accepter les risques ou d'indiquer l'importance subjective accordée par le créancier à l'exécution de l'obligation[88]. D'autres considèrent, en revanche, qu'elle ne sera pas valable eu égard à la réserve d'abus de droit dont l'exception semble être une manifestation. En effet, il est difficile de concevoir qu'un créancier puisse conventionnellement se ménager l'exercice abusif d'un droit dont il est titulaire. De la même manière, le contrôle de proportionnalité opéré par le juge est plus propice à l'impérativité de l'exception de disproportion manifeste qu'à la liberté contractuelle[89].

56. Transition – C'est donc bien la liberté contractuelle qui est susceptible de mettre à mal le droit à l'exécution forcée du créancier et partant, son efficacité, d'où sa relativité. Mais c'est aussi la liberté contractuelle qui peut garantir une plus grande souplesse dans la mise en œuvre de l'exécution forcée. L'étude de l'exécution forcée par le débiteur permet ainsi de constater qu'un équilibre a été trouvé par le législateur entre l'efficacité de la sanction, puisqu'érigée en principe, et les exceptions consacrées en faveur de la protection de la partie faible, à l'image des objectifs affichés par la réforme du droit des contrats. Toutefois, l'exécution forcée n'est pas

---

[87] Y.-M. LAITHIER, note sous. Civ. 1re, 3 juin 2015, n° 14-15.655, RDC 2015. 836, p. 838

[88] P. MALAURIE, L. AYNÈS et Ph. STOFFEL-MUNCK, *Droit des obligations*, LGDJ, 2016, n° 879 ; Y.-M. LAITHIER, « Les sanctions de l'inexécution du contrat », RDC 2016, p. 39

[89] C. PÉRÈS, *loc. cit.*

nécessairement imposée au débiteur par le créancier, ce dernier pouvant préférer obtenir l'exécution par un tiers (Section 2).

SECTION 2
L'EXÉCUTION FORCÉE OBTENUE PAR UN TIERS

57. Annonce – Le créancier peut faire le choix de recourir à un tiers afin d'obtenir l'exécution forcée de la prestation, bien que cette qualification apparaisse, en réalité, inadéquate[90]. L'article 1222 nouveau du Code civil permet ainsi au créancier de conclure un contrat « de substitution »[91] avec un tiers afin d'obtenir de lui la prestation qui pèse sur le débiteur qui ne s'est pas exécuté. Toutefois, le débiteur ne sera pas déchargé de son obligation, elle deviendra seulement monétaire. Auparavant judiciaire, la réforme a désormais consacré une faculté de remplacement unilatérale en son alinéa 1er. Cette généralisation de la faculté de remplacement unilatérale (Paragraphe 1) apparaît opportune, car il est parfois plus simple d'obtenir du débiteur une somme d'argent que d'obtenir de lui l'exécution de la prestation. Toutefois, la faculté de remplacement judiciaire a été maintenue par la réforme (Paragraphe 2) et va probablement subsister en dépit de l'existence d'une faculté unilatérale.

§. 1 LA GÉNÉRALISATION DE LA FACULTÉ DE REMPLACEMENT UNILATÉRALE

58. Consécration de l'exécution en nature unilatérale – Le mécanisme de remplacement existait déjà dans le code de 1804 à propos de contrats qui n'avaient pas été conclus *intuitu personae*[92]. Désormais, la réforme de 2016 a étendu le champ d'application de la faculté de remplacement, en s'inspirant du mécanisme consacré

---

[90] Y.-M. LAITHIER, « Les règles alternatives à l'inexécution des obligations contractuelles. Articles 1217 à 1231-7 », JCP 2015, p. 47, n° 13
[91] G. CHANTEPIE et M. LATINA, op. cit., n° 639
[92] En considération de la personne

en droit commercial[93]. En effet, l'acheteur de chose de genre, après avoir mis en demeure le débiteur, peut déjà obtenir satisfaction en se fournissant ailleurs, et ce, sans requérir une autorisation en justice. Or, l'article 1144 ancien du Code civil[94], qui autorisait également la faculté de remplacement, nécessitait, en l'absence d'urgence[95], l'autorisation préalable du juge pour faire exécuter l'obligation par un tiers et demander au débiteur le paiement des sommes engagées à cette fin. La faculté de remplacement n'assurait donc aucun gain de temps et elle n'était que très peu utilisée en pratique en raison de son manque d'efficacité. Désormais, l'article 1222 du Code civil consacre la faculté de remplacement unilatérale afin d'accélérer la procédure, à l'instar de ce que proposait l'avant-projet Terré[96]. Toutefois, il s'agit bien d'un mode d'exécution forcée et non pas d'un mode de réparation en nature. À ce titre, l'article 1222 du Code civil figure bien aux côtés de l'article 1221 dans une sous-section II intitulée « L'exécution forcée en nature ». De plus, la Cour de cassation a eu l'occasion de préciser que l'exécution forcée par équivalent poursuivait la même fin que l'exécution forcée en nature alors que la Cour d'appel avait jugé qu'elle permettait d'obtenir une compensation monétaire et non d'obtenir l'exécution de la prestation[97].

59. Exécution de la prestation promise – La réforme apporte donc des innovations importantes qui conduisent à distinguer selon que le créancier demande que l'obligation promise soit exécutée par un tiers ou que ce qui a été fait en violation de celle-ci soit détruit. Lorsque le créancier demande que l'obligation promise par le débiteur

---

93 L. ANDREU et N. THOMASSIN, *Cours de droit des obligations*, Gualino, 2016, n° 890

94 C. civ. ancien art. 1144 : « Le créancier peut aussi, en cas d'inexécution, être autorisé à faire exécuter lui-même l'obligation aux dépens du débiteur. »

95 M. FAURE-ABBAD, « Article 1222 : faculté de remplacement », RDC 2015, p. 784

96 Avant-projet Terré, art. 106 : « Après mise en demeure, le créancier peut aussi, dans un délai et à un coût raisonnables, faire exécuter lui-même l'obligation ou détruire ce qui a été fait par contravention à celle-ci. Il peut en demander le remboursement au débiteur, sans préjudice de dommages et intérêts s'il y a lieu. »

97 Civ. 3e, 10 mars 2016, n° 15-12.291, Commune de Salernes c/ Joseph de Bresc, D. 2016. 661 ; D. MAZEAUD, « L'exécution forcée en nature dans la réforme du droit des contrats », D. 2016, p. 2247

soit exécutée par un tiers, la sanction est extrajudiciaire et s'inscrit dans la nouvelle tendance qui caractérise le droit des sanctions de l'inexécution[98]. Cet unilatéralisme des sanctions est un gage d'efficacité et comme toutes les sanctions unilatérales, la faculté de remplacement est soumise à la traditionnelle exigence de mise en demeure qui offre au débiteur le choix entre exécuter son obligation ou supporter la charge financière de l'exécution assurée par un tiers.

60. Délai et coût raisonnables – Outre la mise en demeure, sa mise en œuvre est enfermée dans « un délai et un coût raisonnables ». Cette double limite impose donc au créancier de ne pas faire exécuter la prestation à n'importe quel prix et tend à maintenir un « équivalent économique » entre l'exécution par le débiteur, qui était celle initialement prévue, et celle opérée par un tiers[99]. Pour apprécier le caractère raisonnable, il faut donc se référer au coût de l'exécution qui a été prévu dans le contrat conclu avec le débiteur. Cette exigence apparaît logique, néanmoins le législateur aurait pu tout aussi bien prévoir, à l'instar du droit commercial, que la différence de coût soit supportée par le créancier et que les juges puissent moduler les sommes qui sont dues en fonction de la bonne ou mauvaise foi du débiteur. Par ailleurs, cela ne devrait pas empêcher le créancier de solliciter la réparation du préjudice subi[100], ni de préférer agir à l'encontre du débiteur en exécution forcée si le coût proposé par le tiers n'est pas raisonnable. Néanmoins, si le coût de la prestation proposée par le tiers est déraisonnable, rien ne garantit que le coût pour le débiteur ne soit pas considéré, lui aussi, comme disproportionné à l'égard de l'intérêt du créancier, l'empêchant ainsi d'agir en exécution forcée, que ce soit par le débiteur ou par un tiers. Cette exigence assure toutefois un équilibre entre les intérêts du créancier et ceux du débiteur, à l'instar de la nouvelle limite à l'exécution forcée par le débiteur.

---

[98] M. MEKKI, « Le juge et les remèdes à l'inexécution du contrat », in *Le juge, auteur et acteur de la réforme du droit des contrats*, RDC 2016. p. 400

[99] A. AYNÈS, « Accroissement du pouvoir de la volonté individuelle », in *L'inexécution des contrats*, Dr. et patr. juin 2016. 49, p. 50

[100] Y.-M. LAITHIER, *op. cit.*, n°15

61. Aménagements conventionnels – La portée de la liberté contractuelle peut également être analysée sous l'angle du mécanisme de faculté de remplacement par un tiers, en faisant toujours attention de distinguer les contrats de gré à gré et les contrats d'adhésion. À ce titre, si l'exécution imposée au débiteur peut faire l'objet d'une clause de renonciation, il en est de même pour l'exécution forcée par un tiers. La clause pourrait ainsi prévoir le paiement d'une somme d'argent par le débiteur équivalent à l'intérêt que présentait pour lui l'exécution du contrat[101]. L'existence potentielle de clauses de ce type vient toutefois affaiblir l'efficacité de la faculté de remplacement unilatérale. En revanche, dans une logique inverse, le débiteur pourrait s'engager à « assumer sans limites de montant les conséquences financières d'une exécution par un tiers, qui est la conséquence de sa propre défaillance »[102]. Une telle clause pourrait cependant prendre la forme d'une clause pénale et serait alors soumise au pouvoir de révision judiciaire si le montant en question se révélait être excessif. Si de telles clauses sont valables, la faculté de remplacement unilatérale apparaît renforcée.

62. Transition – L'article 1222 prévoit également le maintien de la faculté de remplacement judiciaire. Si cette sanction n'est pas nouvelle, elle mérite d'être analysée, car elle aura certainement, en dépit de la faculté de remplacement unilatérale, toujours une incidence dans le droit positif (Paragraphe 2).

§. 2 LE MAINTIEN DE LA FACULTÉ DE REMPLACEMENT JUDICIAIRE

63. Annonce – La faculté de remplacement judiciaire n'est pas véritablement une nouvelle sanction de l'inexécution, mais elle mérite d'être traitée au titre des nouvelles sanctions de l'inexécution en ce qu'elle va influencer l'efficacité de la sanction d'exécution forcée par un tiers. L'article 1222 du Code civil prévoit

---

[101] D. MAZEAUD, « L'exécution forcée en nature dans la réforme du droit des contrats », D. 2016, n° 42

[102] A. AYNÈS, *loc. cit.*

que la faculté de remplacement est soumise à une autorisation judiciaire : tantôt de manière obligatoire (A), tantôt de manière facultative (B).

A. Le recours obligatoire au juge

64. Limite en cas de destruction – Si la faculté de remplacement unilatérale semble pleinement consacrée par la réforme, il est toutefois fait réserve du cas où le créancier souhaite la destruction de ce qui a été fait en contravention de l'engagement souscrit par le débiteur. Alors que l'avant-projet Terré consacrait la faculté de remplacement unilatérale dans le cas d'une destruction[103], la réforme a souhaité la soumettre à l'autorisation du juge.

65. Préalable justifié – C'est en raison de la gravité et du caractère nécessairement irréversible de la destruction de ce qui a été fait en contravention de l'engagement souscrit par le débiteur qu'une autorisation judiciaire préalable est nécessaire[104]. C'est la raison pour laquelle il apparaît peu probable qu'une clause prévoyant une faculté unilatérale de destruction puisse être admise[105]. Ce recours obligatoire au juge apparaît toutefois être un préalable justifié en vertu de la gravité de l'opération, ne minimisant pas pour autant l'efficacité de la sanction.

B. Le recours « facultatif » au juge

66. Choix d'un recours judiciaire – En revanche, si la faculté de remplacement est devenue unilatérale grâce à la réforme, la faculté de remplacement judiciaire subsiste. En effet, l'article 1222 alinéa 2 du Code civil offre au créancier, qui entend obtenir l'exécution de sa créance par un tiers, le choix d'exercer une action en justice afin que le débiteur avance les fonds nécessaires

---

[103] Avant-projet Terré, art. 106

[104] Rapport de présentation de l'ordonnance du 10 février 2016

[105] P. MALAURIE, L. AYNÈS et Ph. STOFFEL-MUNCK, *op. cit.*, n° 881

à cette exécution[106]. Cette possibilité n'est pas innovante puisqu'elle était déjà prévue par l'ancien article 1444 du Code civil.

67. Obtention des sommes engagées pour l'exécution – Mais elle apparaît opportune dans le cas où le débiteur refuserait de rembourser, en dépit de la demande du créancier, alors qu'il a déjà engagé une certaine somme en vue d'obtenir d'un tiers l'exécution d'une prestation. Or une telle faculté risque, dans ce cas de figure, d'être privilégiée par rapport à la faculté unilatérale. En effet, dans cette situation, il appartient au créancier de se faire rembourser les frais engagés auprès d'un débiteur qui pourra se montrer peu conciliant ou de lui demander l'avance des sommes nécessaires à l'exécution. En pratique, le recours au juge pourrait subsister, « non pas pour obtenir le droit de procéder à l'exécution, mais pour obtenir l'avance des sommes propres à autoriser cette exécution »[107]. Bien que ce recours au juge soit, a priori, facultatif ; il apparaît nécessaire dans l'hypothèse d'une exécution forcée obtenue par un tiers et qui n'a pas été remboursée par un débiteur peu scrupuleux. Cette intervention « nécessaire » du juge en présence d'un litige entre le créancier et le débiteur récalcitrant sur le paiement de son obligation monétaire vient affaiblir l'efficacité attendue d'une telle sanction pour laquelle a été consacré un régime à caractère unilatéral.

68. Transition – Les nouvelles sanctions de l'inexécution, qui assurent le respect de la force obligatoire, se trouvent nécessairement renforcées, puisque codifiées. Néanmoins, des obstacles peuvent naitre de la prise en compte des données de nature économique dans l'appréciation de l'opportunité d'une telle sanction. Les parties sont d'ailleurs tout à fait libres d'aménager ces sanctions et leur régime afin de renforcer leur efficacité ou d'en réduire leur portée. Si certaines des nouvelles sanctions de l'inexécution assurent le respect de la force obligatoire du contrat, d'autres permettent de rétablir l'équilibre économique entre les parties (Chapitre 2).

---

[106] C. civ. 1222 al. 2 : « Il peut aussi demander en justice que le débiteur avance les sommes nécessaires à cette exécution ou à cette destruction. »
[107] N. DISSAUX et C. JAMIN, *op. cit.*, p. 131

CHAPITRE SECOND
LES SANCTIONS RÉTABLISSANT L'ÉQUILIBRE ÉCONOMIQUE

69. Annonce – Si les parties souhaitent aboutir à la conclusion d'un contrat, c'est parce que chaque contractant espère en retirer un gain. Lorsque celui-ci ne se réalise pas à cause de l'inexécution d'une des parties, les nouvelles sanctions de l'inexécution peuvent avoir pour fonction de rectifier la situation économique entre le créancier lésé et le débiteur fautif[108]. La philosophie de ce système réside dans l'équilibre des intérêts en cause[109]. Les sanctions de l'inexécution après la réforme du droit des contrats apparaissent ainsi particulièrement efficaces puisqu'elles permettent de rétablir l'équilibre économique qui a été rompu par l'inexécution du débiteur. Ces sanctions n'ont pas pour objet, comme pour la sanction de l'exécution forcée, de rétablir l'équilibre qui était initialement commandé par le contrat, en vertu du respect de la force obligatoire du contrat, mais de rétablir un équilibre relatif à l'inexécution du débiteur. Certaines sanctions vont alors directement affecter l'obligation du créancier, dans la mesure où ce dernier ne sera contraint d'effectuer ce pour quoi il s'est engagé qu'à hauteur de ce qui a été réellement effectué par le débiteur défaillant, corrigeant ainsi le déséquilibre économique qui avait été provoqué par l'inexécution de ce dernier (Section 1). D'autres sanctions vont permettre, à l'inverse, de rétablir la situation économique qui existait avant la conclusion du contrat, offrant au créancier la possibilité de rompre le contrat face à l'inexécution du débiteur (Section 2).

---

108 E. MACKAAY, « L'efficacité du contrat - une perspective d'analyse économique du droit », *in L'efficacité du contrat*, G. LARDEUX (dir.), Paris, Dalloz, 2011, p. 31 à 39

109 P. REMY, « L'inexécution du contrat », in *Pour une réforme du droit des contrats*, F. TERRÉ (dir.), Dalloz, 2008

SECTION 1
LES SANCTIONS AFFECTANT L'OBLIGATION DU CRÉANCIER

70. Annonce – Les nouvelles sanctions qui vont directement affecter les obligations du créancier envers son débiteur peuvent être transitoires ou définitives. Dans le premier cas, le créancier peut mettre en œuvre l'exception d'inexécution face à l'inexécution avérée ou présumée de son cocontractant (Paragraphe 1), tandis que, dans le second cas, le créancier peut faire le choix de réduire le prix proportionnellement à l'exécution imparfaite de son débiteur (Paragraphe 2).

§. 1 LE REMÈDE TRANSITOIRE DE L'EXCEPTION D'INEXÉCUTION

71. Annonce – L'exception d'inexécution permet à la victime d'une inexécution de refuser d'exécuter son obligation réciproque, sans recourir au juge, aussi longtemps que son cocontractant persiste dans son refus injustifié. L'exception d'inexécution a donc pour effet de suspendre les effets d'une obligation réciproque dans le but de faire pression sur le contractant afin qu'il s'exécute. Malgré le rapport rendu par le Président de la République[110], la première place occupée par l'exception d'inexécution dans la liste des sanctions de l'inexécution de l'article 1217 du Code civil est logique dans la mesure où elle intervient chronologiquement la première et n'a pas vocation à durer. Si l'exception intervient classiquement lors d'une inexécution avérée (A), le législateur innove et propose désormais une exception pour risque d'inexécution (B).

A. L'exception classique d'inexécution avérée

---

[110] Rapport remis au Président de la République, NOR : JUSC1522466P, JO 11 févr. 2016 : l'ordre de l'énumération de l'article 1217 du Code civil « n'a aucune valeur hiérarchique, le créancier victime de l'inexécution étant libre de choisir la sanction la plus adaptée à la situation »

72. Généralisation de la jurisprudence ancienne – L'article 1229 du Code civil consacre en droit commun l'exception d'inexécution et met en lumière le caractère de justice privée du mécanisme[111]. Si elle n'est pas véritablement nouvelle, puisque largement admise par une jurisprudence constante[112], généralisant quelques dispositions éparses dans le droit de la vente[113], le droit de dépôt[114] ou le droit de l'échange[115] ; elle a le mérite d'avoir été consacrée dans le Code civil[116].

1. Les effets de l'exception d'inexécution avérée

73. Fonctions de l'exception d'inexécution – Classiquement, l'exception d'inexécution suppose l'existence de deux obligations réciproques : l'une, dont la violation est la cause de l'exception d'inexécution, et l'autre, dont la suspension volontaire est le moyen de l'exception d'inexécution. Cette sanction apparaît ainsi conforme à la justice la plus élémentaire, en effet « le créancier ne saurait reprocher à son débiteur ce dont il se rend lui-même coupable envers lui »[117]. Celle-ci apparaît être un remède transitoire particulièrement efficace pour inciter le débiteur défaillant à s'exécuter ou à corriger sa mauvaise exécution, en suspendant provisoirement l'obligation réciproque de l'obligation inexécutée. L'exception d'inexécution a donc pour but premier d'inciter à l'exécution[118].

---

[111] C. civ. art. 1219 : « Une partie peut refuser d'exécuter son obligation, alors même que celle-ci est exigible, si l'autre n'exécute pas la sienne et si cette inexécution est suffisamment grave. »

[112] Si le juge saisi d'une contestation relative à l'exécution du contrat octroie des dommages-intérêts en vertu de l'exécution partielle de ce dernier, indirectement, il réduit notamment le prix convenu.

[113] C. civ., art. 1612

[114] C. civ., art. 1948

[115] C. civ., art. 1704

[116] S. GUÉRIN et N. GENTY, « L'exception d'inexécution et les différentes formes de résolution du contrat », AJ contrat 2017, p. 17

[117] W. DROSS, « L'exception d'inexécution : essai de généralisation », RTD civ. 2014, p. 1

[118] J.-F. PILLEBOUT, *Recherches sur l'exception d'inexécution*, préf. P. RAYNAYD, 1971, t. 119, LGDJ, n°229 et s.

74. Si l'effet comminatoire qui lui est attaché participe de son efficacité, l'exception d'inexécution évite dans un second temps de préjudicier le contractant qui n'a pas obtenu la contrepartie de son obligation par l'inexécution, trouvant dans sa propre obligation, une garantie de ce qui lui est dû. Une telle sanction évite ainsi au contractant victime de l'inexécution de s'appauvrir dans l'espoir de récupérer l'équivalent de ce qu'il a versé, et partant, de se heurter à l'éventuelle insolvabilité du débiteur défaillant.

75. L'exception d'inexécution préserve ainsi « l'équilibre entre les obligations de chacun des contractants afin de permettre dans l'avenir une exécution globale et satisfactoire du contrat »[119]. L'exception d'inexécution a donc pour but de rétablir l'équilibre économique perturbé par l'inexécution de l'un, au profit du créancier lésé, entrainant, dans le pire des cas, une opération blanche. Les rédacteurs de l'ordonnance ont ainsi fait le vœu de renforcer la sécurité des engagements contractuels.

76. Suspension temporaire – En outre, l'exception d'inexécution ne constitue pas un mode de libération du créancier de l'exécution de sa propre obligation. Si le créancier suspend provisoirement l'exécution de son obligation, cette dernière ne s'éteint pas[120]. En effet, les contractants n'en restent pas moins liés par le contrat, en vertu de la force obligatoire, qui continue à produire un certain nombre d'obligations, tel que le devoir de bonne foi[121]. Par ailleurs, cette solution n'engendre aucun blocage puisqu'il suffit que la partie défaillante s'exécute pour qu'elle obtienne de l'autre qu'il reprenne l'exécution de son obligation. À cet égard, puisqu'il s'agit d'une suspension temporaire du contrat, une fois que l'exception d'inexécution a joué son rôle, c'est-à-dire que le contractant défaillant

---

[119] P. GROSSER, *Les remèdes à l'inexécution du contrat : essai de classification*, thèse, Paris I, 2000, n° 42

[120] J. MESTRE, « L'exception d'inexécution ne fait que suspendre l'exécution de l'obligation », RTD civ. 1993, p. 578

[121] P. ANCEL, « Force obligatoire du contrat et contenu obligationnel », RTD civ. 1999, p. 771 ; M. LATINA, « La suspension du contrat », J. Cl. contr. distr. 2011, fasc. 171 ; H. BARBIER, « De l'impossible suspension complète du contrat », RTD civ. 2018, p. 894

a exécuté l'obligation, l'*excipiens* doit alors reprendre à son tour l'exécution de l'obligation corrélative en vertu de l'obligation générale d'exécution de bonne foi qui persiste.

2. Les conditions de mise en œuvre de l'exception d'inexécution avérée

77. Lien entre les obligations – Encore faut-il pour exercer cette sanction que les obligations contractuelles soient réciproques entre les parties[122]. Classiquement, le domaine de l'exception d'inexécution résultait du champ des contrats synallagmatiques, à l'exception de certaines hypothèses plus marginales. Contrairement aux propositions des avant-projets Catala et Terré, le législateur a choisi de ne pas limiter cette sanction aux contrats synallagmatiques. Le domaine d'application de cette sanction fait donc preuve d'un certain libéralisme, pouvant conduire les juges à accepter plus facilement sa mise en œuvre. Or ce choix peut apparaître problématique dès lors que les obligations réciproques doivent également être corrélatives, c'est-à-dire présenter un certain lien d'interdépendance[123]. C'est la raison pour laquelle, le preneur d'un bail commercial ne peut se prévaloir d'une exception d'inexécution pour refuser de payer son loyer, dès lors qu'il ne justifie avoir été dans l'impossibilité totale de jouir de la chose louée[124]. En effet, le loyer est en lien d'interdépendance avec la jouissance paisible due par le bailleur, l'exception d'inexécution est par conséquent inapplicable en cas de manquement du bailleur à son obligation d'entretien. Ce mouvement jurisprudentiel, qui trace les contours du régime du logement indécent, est constant et régulièrement rappelé par la Cour de cassation[125]. Il apparaît

---

[122] O. DESHAYES, « Exception d'inexécution », Rép. civ. 2018, n° 26
[123] G. CHANTEPIE et M. LATINA, *Le nouveau droit des obligations. Commentaire théorique et pratique dans l'ordre du code civil,* Dalloz, 2016, n° 628
[124] S. CHASTAGNIER, « Paiement du loyer : exception d'inexécution et impossibilité absolue d'exploiter », Gaz. Pal. 2018, p. 70
[125] P.-Y. GAUTIER, « Du droit de se faire justice à soi-même en présence de locataires fautifs », RTD civ. 2017, p. 884

ainsi préférable de ne pas admettre trop facilement l'exception d'inexécution afin de ne pas fragiliser l'équilibre du contrat[126].

78. Ensemble contractuel – En outre, l'exception d'inexécution ne peut être invoquée qu'à propos d'obligations nées d'un même contrat[127]. Le créancier d'une obligation inexécutée ne peut refuser d'exécuter une obligation réciproque qui découlerait d'un autre contrat que celui pour lequel le débiteur se trouve défaillant. Un preneur, devenu créancier du bailleur auquel il a consenti un prêt, n'a donc pas la possibilité de suspendre le paiement des loyers bien que la somme empruntée n'ait pas été remboursée[128]. Toutefois, l'inexécution d'une obligation découlant d'une convention distincte peut être justifiée, dès lors que les conventions sont liées entre elles et forment un ensemble contractuel[129]. Si cette règle est d'origine jurisprudentielle, elle permet ainsi de recourir à l'exception d'inexécution dans des contrats qui concourent à la réalisation de la même opération, et partant, qui sont indivisibles, élargissant ainsi le domaine de cette sanction[130].

79. Gravité de l'inexécution – Si l'exception d'inexécution peut être mise en œuvre lorsque le contractant n'exécute pas son obligation, encore faut-il que cette inexécution soit suffisamment grave en vertu de l'article 1219 du Code civil. Cette exigence est l'apanage des sanctions mises en œuvre unilatéralement, à l'exception de l'exécution forcée et de la réduction du prix, et suppose qu'une inexécution seulement mineure ne puisse justifier la riposte[131]. À ce titre, la Cour de cassation retenait déjà cette condition

---

[126] J.-B. SEUBE, « Le risque au cœur de l'exception d'inexécution », RDC 2016, p. 249

[127] Com. 26 nov. 1973, Bull. civ. V, n° 340, p. 303 ; Civ. 1re, 20 mai 2003, n° 00-19.752, Bull. 2003, n° 120

[128] Rouen, 1er févr. 1854, S. 1856. 2. 398

[129] Com. 12 juill. 2005, JCP 2005. I. 194, n° 19 s., obs. Constantin; Defrénois 2006. 610, obs. Libchaber; RTD civ. 2006. 307, obs. Mestre et Fages

[130] B. WALTZ-TERACOL et M. BACACHE, « Indivisibilité », Rép. civ. 2018, n° 147 ; J. MESTRE et B. FAGES, « L'exception d'inexécution au sein d'un ensemble contractuel », RTD civ. 2006, p. 307

[131] Com. 30 janv. 1979, Bull. civ. IV, n° 41; D. 1979. IR 317 : qui juge que les déficiences constatées dans les matériels loués ne sont pas suffisamment graves pour rendre légitime le refus de paiement des redevances

sous l'empire de la loi ancienne. Elle a ainsi censuré des décisions des juges du fond qui validaient l'exception d'inexécution sans avoir recherché « si l'inexécution invoquée était d'une gravité suffisante »[132]. Pour analyser la condition de suffisante gravité, la Haute juridiction tient compte de la gravité intrinsèque du manquement ainsi que de ses conséquences sur le contrat ou le cocontractant[133]. La riposte a d'ailleurs également pu être analysée sous l'angle de la proportionnalité avec l'inexécution avérée[134]. La Cour de cassation avait ainsi jugé que la durée de la relation contractuelle et l'absence d'information préalable ne suffisaient pas à établir que la mise en œuvre de l'exception pour inexécution était disproportionnée par rapport aux manquements reprochés. En effet, sur le fondement général de bonne foi, l'exigence de proportionnalité entre le manquement contractuel et la riposte de l'*excipiens*, pourrait ainsi persister au moyen de la condition de suffisante gravité du manquement[135].

80. Aménagements contractuels – Toutefois, le législateur ne conférant nullement aux dispositions de l'article 1219 un caractère d'ordre public, les parties ont la possibilité de prévoir des clauses aménageant la sanction de l'exception d'inexécution[136]. Sous réserve de respecter les principes de bonne foi et d'interdiction des clauses abusives dans les contrats d'adhésion, les parties peuvent ainsi prévoir la notification préalable dans le cadre de la mise en œuvre de la sanction, la suspension partielle de la prestation de l'*excipiens* pour défaut de paiement du prix, la suppression de la possibilité d'invoquer l'exception d'inexécution ou la suppression de l'exigence d'une gravité suffisante de la riposte[137].

---

132 Civ. 3e, 26 nov. 2015, n° 14-24210

133 O. DESHAYES, « L'exception d'inexécution doit-elle être proportionnée ? », RDC 2016, p. 654 ; M. MEKKI, « Droit des contrats », D. 2017, p. 375

134 Civ. 1re, 12 mai 2016, n° 15-20.834 : JurisData n° 2016-008899 ; RDC 2016, n° 04, p. 654, note O. Deshayes ; D. 2017, p. 375, note M. Mekki

135 G. CHANTEPIE et M. LATINA, *op. cit.*, n° 629

136 A.-S. CHONÉ-GRIMALDI, J. DARMON et J.-P. GRANDJEAN, « Aménager le droit des contrats », JCP E 2016, n° 25, p. 1374

137 M. MIGNOT, « Commentaire article par article de l'ordonnance du 10 février 2016 portant réforme du droit des contrats, du régime général et de la preuve des obligations (VI) », LPA 2016, n° 67

81. Mise en œuvre facilitée – L'originalité de la sanction de l'exception d'inexécution par rapport aux autres sanctions unilatérales réside notamment dans sa mise œuvre, puisqu'elle ne nécessite aucune mise en demeure ou notification de la part de l'*excipiens*, ni aucune intervention préalable du juge ou délai particulier pour l'exercer. Dès lors que le créancier rapporte la preuve de la réunion des conditions d'application de la sanction, l'exception d'inexécution pourra être opposée au contractant défaillant[138]. Cette mise en œuvre extrajudiciaire et simplifiée participe donc de l'efficacité de la sanction.

82. Transition – Si cette sanction n'est pas véritablement nouvelle, l'exception pour inexécution anticipée, désormais consacrée par le législateur, est véritablement innovante dans le droit commun des contrats et assure la protection l'*excipiens* contre le risque d'une inexécution à venir (B).

B. L'exception nouvelle pour inexécution anticipée

83. Annonce – L'exception pour risque d'inexécution est une innovation majeure consacrée par l'article 1220 du Code civil, comme prévu par l'avant-projet Terré[139]. Alors que traditionnellement, seule l'inexécution avérée permettait la mise en œuvre de l'exception d'inexécution, désormais le mécanisme peut jouer également dans le cas d'une inexécution future[140]. Un tel mécanisme était déjà prévu par les Principes du droit européen des contrats[141] et les principes Unidroit[142]. L'*exceptio timoris* repose ainsi sur un mécanisme fondé sur l'anticipation et le risque

---

[138] M. STORCK, « Inexécution du contrat, Exception d'inexécution », J. Cl. civ. 2017, fasc. unique, n° 53
[139] Avant-projet Terré, art. 104
[140] A. PINNA, « L'exception pour risque d'inexécution », RTD civ. 2003, p. 31
[141] PDEC, art. 9: 201
[142] Principes Unidroit, art. 7. 3. 4

d'une inexécution qui ne s'est pas encore produite[143]. Cette sanction offre donc la possibilité à l'*excipiens* de cesser l'exécution de son obligation réciproque, avant même de subir les conséquences d'une éventuelle inexécution à venir de la part d'un débiteur, qui laisse penser qu'il ne s'exécutera pas à l'échéance prévue. Cette nouvelle sanction apparaît donc redoutable, pouvant survenir dans des hypothèses pathologiques où le déséquilibre économique est anticipé. De fait, le législateur a renforcé la fonction de garantie de l'exception d'inexécution qui peut être mise en œuvre, alors même que l'exécution de l'obligation n'est pas exigible. Si ses conditions de fond peuvent être calquées sur celles de l'exception d'inexécution avérée, le caractère anticipé de l'exception d'inexécution lui confère des spécificités propres.

84. Inexécution manifeste – En effet, le risque d'inexécution doit apparaître « manifeste », c'est-à-dire qu'il doit être flagrant et certain que la partie ne s'exécutera pas à l'échéance. Tel est le cas d'un contractant proche de la liquidation judiciaire. Ce faisant, la sanction est mise en œuvre aux risques et périls du créancier, l'exposant à des dommages et intérêts contractuels[144].

85. Procédure collective – À l'égard des procédures collectives, l'exception pour risque d'inexécution est contraire au mécanisme de redressement judiciaire de la partie qui se trouve en difficulté. La sanction ne pourra être mise en œuvre si l'action anticipée des créanciers a pour effet d'entrainer la perte de l'activité du débiteur. En effet, rien n'empêchera les liquidateurs d'agir à leur encontre, d'où la rigueur avec laquelle risque d'être apprécié le caractère « manifeste » de l'inexécution future[145]. D'abord, il convient de distinguer en fonction du moment où l'exception est mise en œuvre : si les deux obligations sont à échoir postérieurement au jugement d'ouverture, l'exception pourrait être opposée de façon anticipée. En revanche, l'administrateur judiciaire,

[143] A. ALBARIAN, « Brèves observations comparatives sur un remède de justice privée préventive propre au droit contractuel : l'exceptio timoris », LPA 2011, n° 87, p. 4

[144] A. REYGROBELLET, « L'exception d'inexécution préventive », BJS 2016, p. 544

[145] G. CHANTEPIE et M. LATINA, *op. cit.*, n° 630

qui a demandé l'exécution des contrats en cours, doit s'assurer qu'il a les fonds nécessaires. La demande d'exécution des contrats en cours est alors une garantie d'exécution suffisante, prohibant le jeu de l'exception d'inexécution. En revanche, si les deux obligations sont échues antérieurement à l'ouverture, le cocontractant peut invoquer la suspension sur le fondement du nouveau droit commun. Enfin, si la suspension est invoquée avant l'ouverture tandis que l'exigibilité de l'obligation du débiteur n'est due qu'après le jugement, l'administrateur peut exiger l'exécution forcée en dépit de la suspension anticipée, en invoquant l'article L. 622-13 du Code de commerce qui permet de neutraliser toute exception d'inexécution et de sécuriser l'exécution de l'obligation du débiteur[146].

86. Procédure amiable – En outre, la question s'est posée de savoir si l'ouverture d'une procédure amiable révèle le caractère « manifeste » de l'inexécution future. Si les critères larges d'ouverture d'une telle procédure ne permettent pas de justifier la mise en œuvre de l'exception d'inexécution anticipée, celle-ci peut en constituer un indice. Tel pourrait être le cas si le créancier est appelé à la négociation et que le mandataire ad hoc ou le conciliateur l'informe que, sans l'octroi d'un délai de paiement ou d'une remise de dette, le débiteur ne pourra pas s'exécuter[147]. Certains cocontractants, apprenant l'existence de difficultés, pourraient ainsi immédiatement réagir, suspendre l'exécution de leurs obligations et par conséquent, aggraver plus encore les difficultés. Les conditions d'exercice de l'exception d'inexécution préventive apparaissent en réalité particulièrement réductrices, étant donné la difficulté que représente l'exigence probatoire d'une telle sanction.

87. Conséquences suffisamment graves – Si l'inexécution à venir doit apparaître manifeste, elle doit également induire des « conséquences suffisamment graves » pour l'*excipiens*, c'est-à-dire des conséquences préjudiciables telles que la mise en péril

---

[146] P. DUPICHOT, « Réforme des contrats et difficultés des entreprises », BJE 2016, p. 352, n° 16

[147] L. WATRIN, « L'exception d'inexécution anticipée : une menace contre l'efficacité des procédures amiables ? », Rec. proc. coll. 2018, étude 17, n° 4

de l'activité du créancier. Cette exigence est opportune compte tenu de la dangerosité qui découle du caractère préventif d'une telle sanction. Or, il est encore difficile de savoir avec précision quelles sont les conséquences à prendre en compte ou le seuil de gravité qu'elles doivent présenter.

88. Notification dans les meilleurs délais – En toute logique, le caractère anticipé de la sanction la subordonne à des conditions particulières de mise en œuvre. La suspension du contrat doit ainsi être « notifiée dans les meilleurs délais » au débiteur, sans que ne soit prévue de sanction à l'absence de notification ou à la notification tardive, ni que soit exigée une motivation de la notification. De la même manière, l'article 1220 ne dit mot des assurances que le débiteur peut fournir au créancier sur l'exécution de l'obligation à son terme[148].

89. Dangereuse et inutile ? – L'exception d'inexécution anticipée, malgré les nombreux garde-fous énumérés, apparaît dangereuse dès lors qu'elle est fondée sur une simple crainte d'une inexécution, instaurant *de facto* un climat hostile au sein des relations contractuelles. Cette *exceptio timoris*, étant plus stricte que celle prévue dans les Principes Unidroit et les Principes européens des contrats, instille un doute quant à son efficacité. En effet, l'efficacité attendue d'une telle sanction apparaît biaisée par sa rédaction lapidaire. L'exception d'inexécution anticipée ne va sans doute pas être utilisée par des contractants trop incertains du bien-fondé de sa mise en œuvre. Malgré tout, elle a le mérite d'exister, rétablissant par anticipation un équilibre économique qui risque d'être bouleversé à l'avenir.

90. Transition – Si l'exception d'inexécution permet au créancier de faire pression à l'encontre du débiteur et d'agir comme garantie, en rétablissant momentanément un équilibre économique perturbé ou qui risque d'être perturbé ; la réduction du prix permet de rétablir un équilibre économique perturbé de manière définitive

---

[148] V. exigence de coopération et délais impartis pour l'exercice des remèdes dans la Convention de Vienne

par la mauvaise exécution du débiteur, dans le cas où le créancier peut se satisfaire d'une exécution imparfaite (Paragraphe 2).

§. 2 LA RÉDUCTION DU PRIX CONSÉCUTIVE À UNE INEXÉCUTION IMPARFAITE

91. Annonce – L'article 1223 du Code civil, prévoyant la réduction du prix, généralise un remède ne figurant que dans des textes spéciaux, tel que dans le droit de la vente avec la réestimation du prix à dire d'expert dans la garantie des défauts[149], ou sa diminution proportionnelle en cas de déficit de contenance d'un immeuble[150]. Sa source d'inspiration n'est autre que l'article 50 de la Convention de Vienne sur la vente internationale de marchandise[151]. Cette sanction peut également trouver son origine dans la réfaction du prix qui existait en vertu d'un usage en matière de vente commerciale. En pratique, la réduction du prix était alors réalisée par le biais de l'octroi de dommages et intérêts contractuels, qui, indirectement, permettait au juge de réduire le prix normalement convenu.

92. Généralisation opportune – La généralisation de la réduction du prix apparaît bienvenue puisqu'elle permet au créancier de réduire le prix proportionnellement à l'inexécution qu'il souhaite maintenir[152], et par conséquent, de rétablir l'équilibre économique perturbé par la mauvaise exécution du débiteur sans avoir besoin de recourir au juge. Elle est d'autant plus originale qu'elle concilie les avantages de l'exécution forcée en nature, par la poursuite de l'exécution

---

[149] C. civ., art. 1644

[150] C. civ., art. 1617 et 1619

[151] CVIM, art. 50 : « En cas de défaut de conformité des marchandises au contrat, que le prix ait été ou non déjà payé, l'acheteur peut réduire le prix proportionnellement le prix à la différence entre la valeur que les marchandises effectivement livrées avaient au moment de la livraison et la valeur que les marchandises conformes auraient eue à ce moment. »

[152] J.-D. PELLIER, « L'ordonnance portant réforme du droit des contrats, du régime général de la preuve et de la preuve des obligations enfin ratifiée », D. 2018

et de la résolution, par la restitution de l'avantage perçu par le débiteur défaillant[153].

93. Exécution imparfaite – La réduction du prix suppose alors une « exécution imparfaite » du débiteur. L'article 1217 alinéa 1er parle, quant à lui, « d'engagement qui n'a pas été exécuté, ou l'a été imparfaitement ». Toute inexécution, à l'exception de l'inexécution totale, est donc visée. À l'instar de l'exécution forcée, elle ne requiert aucune gravité, pouvant ainsi prendre la forme d'un simple défaut de quantité ou de qualité. En revanche, la question demeure quant au sort à réserver à une inexécution seulement tardive. N'ayant jamais fait obstacle à l'admission de la résolution du contrat, la solution pourrait être identique concernant la sanction de la réduction du prix[154], élargissant ainsi le champ d'application de « l'exécution imparfaite ». De la même manière, aucun texte ne permet de savoir si la réduction du prix s'applique ou non lorsque l'inexécution partielle est due à un cas de force majeure. L'article 1231-1 dispose que la force majeure est une cause exonératoire de la réparation résultant de l'inexécution du contrat. Par conséquent, la force majeure ne libère pas le créancier d'une réduction du prix, puisque la réduction du prix est distincte de la responsabilité[155].

94. Sanction unilatérale ? – La réduction du prix, qui apparaît être une sanction particulièrement innovante, fait en réalité douter de son opportunité tant elle recèle d'imprécisions. La rédaction de l'article 1223 du Code civil s'est en effet révélée maladroite[156], au point de faire craindre une confusion totale dans tout le droit de l'inexécution contractuelle[157]. Alors que l'intention du législateur était de conférer au créancier une mise en œuvre unilatérale

[153] G. CHANTEPIE, « Contrat : effets », Rép. civ. 2018, n° 217 ; V. def. Réduction du prix in S. GUINCHARD et T. DEBARD, *Lexiques des termes juridiques*, Dalloz, 24e éd., 2016
[154] F. CHÉNEDÉ, « La réduction du prix », RDC 2017, p. 571, n° 3
[155] F.-X. LICARI, « Inexécution du contrat, Réduction de prix », J. Cl. civ. 2018, maj. 7 nov. 2018, fasc. unique, n° 13
[156] P.-Y. GAUTIER, « La réduction proportionnelle du prix, Exercices critiques de vocabulaire et de cohérence », JCP G 2016, p. 947
[157] E. SAVAUX, « Article 1223 : la réduction du prix », RDC 2015, p. 786, n° 3

de la réduction du prix, dans sa version initiale il devait la « solliciter » en vertu de l'alinéa 1er. Or, solliciter, c'est demander. S'il apparaît évident que la demande ne doit pas être adressée au cocontractant, auquel cas il ne s'agirait plus d'une sanction, mais d'une modification conventionnelle du contrat ; la demande semble devoir être adressée au juge. Pourtant, le rapport adressé au Président de la République, tout comme « l'esprit général d'unilatéralisme et de déjudiciarisation du texte laissent plutôt penser que la réduction est unilatérale »[158].

95. Distinction entre prix payé et prix non payé – À l'occasion de la loi de ratification du 20 avril 2018, le verbe « solliciter » a donc été remplacé par le verbe « obtenir », clarifiant les conditions de mise en œuvre de la sanction. La réduction du prix est donc mise en œuvre unilatéralement dès lors que le prix n'a pas encore été payé (al. 1er), tandis que la réduction du prix qui n'a pas encore été payé peut être demandée au juge (al. 2)[159]. Ces deux hypothèses pouvaient, de manière implicite, être distinguées avant même la modification opérée par la loi de ratification[160]. Toujours est-il qu'offrir au créancier, au moins dans une des hypothèses évoquées, un pouvoir de modification unilatérale du contrat renforce indéniablement l'efficacité des sanctions de l'inexécution, rétablissant de manière définitive l'équilibre économique entre la prestation monétaire du créancier et l'exécution imparfaite du débiteur.

96. Portée de l'acceptation du débiteur – Dans son deuxième alinéa, l'article 1223 du Code civil laisse donc penser, sans équivoque, que la réduction est unilatérale étant donné que le créancier notifie au débiteur sa décision de réduire le prix. Or, la suite du texte instille un nouveau doute étant donné que le débiteur doit rédiger par écrit son acceptation de la décision de réduction du prix. Pourtant, le propre de la notification de la décision du créancier de réduire le prix est d'informer celui dont le consentement n'est pas requis.

---

[158] O. SABARD, « Les sanctions de l'inexécution du contrat (suite) : résolution/réduction du prix », LEDC 2016, p. 7, n° 3

[159] D. MAZEAUD, « Propos conclusifs », in *Le prix dans les contrats après la réforme*, RDC 2017, p. 577

[160] J. MOURY, « La détermination du prix dans le « nouveau » droit commun des contrats », D. 2016, p. 1013, n° 20 ; F. CHÉNEDÉ, *loc. cit.* ; G. CHANTEPIE et M. LATINA, *op. cit*, n° 642

À cet égard, les députés avaient souhaité préciser que l'acceptation par le débiteur mette définitivement fin à la contestation, privant ce dernier de la possibilité de contester la réduction du prix en justice. Si l'acceptation devait remplir une fonction de renonciation à un recours contre le créancier, la réduction du prix deviendrait « une sanction unilatérale sans risques et périls pour le créancier qui la prononce, puisqu'elle est acceptée par le débiteur qui purge ainsi tout risque de contestation future »[161]. Or, les sénateurs se sont opposés à un tel effet eu égard à la dangerosité que représente un tel mécanisme et à la pression subie par le débiteur défaillant, mais ont tout de même laissé figurer la notion d'acceptation, bien que dénuée de l'effet initialement suggéré[162]. Toujours est-il que cette acceptation du débiteur de réduire le prix, qui n'est attachée d'aucun effet, ne modifie en rien le caractère unilatéral de la réduction du prix qui n'a pas encore été payé[163].

97. Formalisme – L'alinéa 1er exige donc une mise en demeure du créancier laissant au débiteur une dernière chance d'exécuter, tandis que l'alinéa 2 commande au créancier de notifier la réduction du prix dans un délai raisonnable. Cette notification est nécessaire dès lors qu'elle met en œuvre un droit potestatif dont dispose le créancier. En revanche, elle n'a pas à être motivée. Or, il aurait été judicieux d'inviter le créancier à motiver sa décision de réduire le prix, toute liberté lui étant conférée, tant sur l'appréciation de l'inexécution que sur le quantum de la réduction.

98. Étendue de la réduction du prix – Enfin, la règle de l'article 1223 du Code civil ne vise que le « prix », ce qui laisse supposer que les prestations non monétaires ne peuvent pas faire l'objet d'une réduction unilatérale. Or cette solution est regrettable concernant les prestations non monétaires susceptibles d'être divisées et qui pourraient bénéficier d'un tel remède. Il paraît cependant

---

161 H. BARBIER, *loc. cit.*

162 H. BARBIER, « L'exécution et la sortie du contrat », RDC 2018, p. 40

163 V. en sens contraire : O. SABARD, « Modification de l'article 1223 du Code civil par la loi de ratification », LEDC 2018, p. 5 : « La loi de ratification a, cependant, refusé de reconnaître au créancier un pouvoir de réfaction du contrat » ; D. HOUTCIEFF, « L'étendue des nouveaux pouvoirs unilatéraux du contractant », RDC 2018, p. 505

difficile d'imaginer que la jurisprudence étende le champ d'application de la réduction du prix à des prestations non monétaires se heurtant nécessairement à la lettre du texte[164].

99. Imprécisions malvenues – À ce titre, puisque la diminution du prix vise à revenir à un équilibre contractuel perturbé par une exécution imparfaite, l'article 1223 devrait éclairer les parties sur la méthode de calcul à employer, or il n'en est rien. Si le texte vise une réduction « proportionnelle », il ne vise pas le facteur de proportionnalité. Le créancier doit ainsi ajuster la réduction du prix à mesure de l'inexécution constatée, ce qui est aisément concevable lorsqu'il y a une différence entre la quantité promise et la quantité fournie. En revanche, la situation devient plus compliquée lorsque la prestation fournie est d'une moindre qualité que la prestation promise. Certains auteurs font alors des comparaisons avec les cas spéciaux de réduction du prix afin d'en déterminer les modalités de calcul[165]. Or, il serait préférable de tenir compte « exclusivement de la part inexécutée des obligations » afin d'exclure l'intérêt que le créancier retire de l'exécution imparfaite[166].

100. Aménagements contractuels – Puisque l'article 1223 n'indique pas le caractère impératif de la sanction, celle-ci ayant *a priori* un caractère supplétif de volonté, une clause peut en principe l'écarter. Toujours à l'exception des clauses abusives dans le cadre des contrats d'adhésion, il est loisible aux parties d'aménager conventionnellement la réduction du prix en choisissant de la rendre entièrement judiciaire ou entièrement extrajudiciaire, de la cantonner à certains cas d'inexécution, de supprimer l'exigence de mise en demeure, de préciser les modalités de calcul ou d'exiger une motivation de la notification[167]. Les parties peuvent ainsi corriger les lacunes

---

[164] V. en sens contraire G. CHANTEPIE et M. LATINA, *op. cit.,* Dalloz 2018, n° 645

[165] F.-X. LICARI, *op.cit.*, n° 24

[166] P. LEMAY, « L'inexécution du contrat : la réduction du prix », *Blog Réforme du droit des obligations*, Dalloz, 2015, M. LATINA et G. CHANTEPIE : http://reforme-obligations.dalloz.fr/2015/04/10/linexecution-du-contrat-la-reduction-du-prix/ , date de consultation : 3 févr. 2019

[167] Ph. DELEBECQUE, « L'articulation et l'aménagement des sanctions de l'inexécution du contrat », Dr. et patr. 2016, n° 259, p. 62 ; G. CHANTEPIE, *op. cit.,*

du texte de manière conventionnelle afin de restaurer la sécurité juridique au service de l'efficacité de la sanction.

101. Transition – Si la réduction du prix permet de rétablir, de manière définitive, un équilibre économique entre les obligations des parties en fonction de l'exécution imparfaite, la résolution du contrat est envisagée lorsque le créancier ne souhaite plus être lié par un contrat dont la part n'a pas été remplie par le débiteur défaillant. L'ultime sanction de l'inexécution conduit, non plus à la préservation du contrat, mais à sa disparition par le biais de la résolution, permettant ainsi de rétablir l'équilibre économique qui existait avant l'inexécution contractuelle (Section 2).

SECTION 2 - LES SANCTIONS ENTRAINANT LA RUPTURE DU CONTRAT

102. Annonce – La résolution du contrat était initialement perçue, à l'époque du droit romain, comme une peine. Cet effet comminatoire de la résolution a ainsi prospéré dans le droit canonique et dans l'ancien droit. La résolution a ensuite trouvé son fondement dans la cause, pour finalement reposer sur des considérations de bonne foi et d'équité en vertu de l'équilibre contractuel[168]. La résolution du contrat, eu égard à sa position dans l'article 1217 du Code civil, est une sanction qui doit intervenir lorsque le contrat ne peut plus être maintenu et dans l'hypothèse où aucune autre sanction ne peut pleinement satisfaire le créancier. En effet, la résolution du contrat intervient lorsque le créancier ne souhaite plus être engagé dans les liens d'un contrat conclu avec un débiteur qui s'avère être défaillant. La résolution du contrat met alors fin au contrat et permet ainsi de rétablir l'équilibre économique qui existait entre les parties avant la conclusion du contrat. Cette résolution présente diverses

---

n° 227 ; C. NOBLOT, « Article 1223 du Code civil : la clause de définition de l'exécution imparfaite », CCC 2019, n° 2

[168] M. STORCK, « Obligations conditionnelles, Résolution judiciaire », J. Cl. civ. 2013, maj 2018, fasc. 10, n° 4

modalités d'exercice (Paragraphe 1) mais entraine les mêmes effets (Paragraphe 2).

§. 1 LES DIVERSES MODALITÉS DE RÉSOLUTION

103. Annonce – L'article 1217 du Code civil, selon lequel le créancier peut « provoquer » la résolution du contrat, annonce la diversité de ses modes d'exercice[169]. L'article 1224 du Code civil, inspiré de l'avant-projet Terré[170], les énumère. Si elles ne sont pas véritablement nouvelles, existant auparavant en droit français, leur hiérarchie a été symboliquement modifiée par rapport à leur présentation habituelle. Le principe était celui qu'exprimait l'ancien article 1184 du Code civil qui présentait la résolution comme le résultat d'une condition résolutoire tacite. Ainsi, la résolution n'opérait point de plein droit et requérait normalement l'autorisation du juge. Désormais, l'application d'une clause résolutoire devient le principe, reléguant ainsi la résolution unilatérale à la seconde place, alors même que ces modalités ne figuraient pas dans les textes. Tandis que la résolution judiciaire devient un mode subsidiaire en vertu de l'objectif d'efficacité économique. Cette hiérarchie n'est toutefois que symbolique, offrant le choix au créancier de prévoir une clause résolutoire (A), d'exercer la résolution par notification (B) ou de préférer la traditionnelle résolution judiciaire.

A. La clause résolutoire

104. Liberté contractuelle – En vertu de la liberté contractuelle, les parties peuvent faire le choix de préparer la rupture du contrat, afin d'en « maitriser les frontières et prévoir les outils, plus ou moins diplomatiques, qui permettront d'y faire face »[171], tant en amont

---

[169] H. BOUCARD, « Le nouveau régime de l'inexécution contractuelle », *in La réforme du droit des obligations en France, 5èmes journées franco-allemandes,* Société de législation comparée, vol. 20, 2015, p. 163, n° 13

[170] Avant-projet Terré, art. 108

[171] G. CHANTEPIE, « La rupture des contrats d'affaire (2) : La gestion contractuelle de la rupture », AJ contrat 2016, p. 130

qu'en aval. À cet égard, l'article 1225 du Code civil consacre en droit commun le mécanisme des clauses résolutoires, opérant une codification à droit constant[172]. Cette liberté contractuelle se manifeste également de manière négative en permettant au créancier de renoncer à la mise en œuvre de la clause résolutoire prévue dans les stipulations contractuelles[173].

105. Engagements précisés – Toutefois, la clause doit préciser les engagements dont l'inexécution peut entrainer la résolution. Le texte consacre ainsi la solution jurisprudentielle qui exigeait que la clause soit non équivoque[174] et qu'elle soit rédigée de manière claire et précise[175] sous peine d'être interprétée de manière très restrictive. Cette exigence de clarté est donc opportune, remettant en cause les clauses dites « balais »[176]. Néanmoins, des interrogations subsistent quant aux clauses rencontrées dans la pratique qui stipulent que tout type de manquement justifie la résolution. Selon la lettre du texte, seuls les engagements qui sont précisés, et non désignés, comme le prévoyaient les avant-projets Catala et Terré, peuvent faire l'objet d'une résolution, contraignant ainsi les parties à prévoir spécifiquement l'obligation visée par la clause, « au besoin en dressant une liste exhaustive » de celles-ci[177]. La pratique des clauses résolutoires, visant tout type de manquement, serait ainsi fragilisée[178]. Toutefois, la clause résolutoire n'est pas conditionnée à une inexécution « suffisamment grave », de sorte que le juge ne dispose d'aucun pouvoir d'appréciation. Seule la qualité de rédaction de la clause pourra être remise en cause, conditionnant l'efficacité de sa mise en œuvre.

---

[172] Civ. 2 juil. 1860, DP 1860, 1, 284

[173] Ph. DELEBECQUE, note sous Com. 7 mars 1984, JCP 1985. II. 20407

[174] Civ. 1re, 25 nov. 1986, Bull. civ. I, n°279

[175] Civ. 3e, 12 oct. 1994, n° 92-13.211, Bull. civ. III, n° 178

[176] M. MEKKI, « L'ordonnance n° 206. 131 du 10 février 2016 portant réforme du droit des contrats, du régime général et de la preuve des obligations, Le volet droit des contrats : l'art de refaire sans défaire », D. 2016, p. 504

[177] F. CHÉNEDÉ, *Le nouveau droit des obligations et des contrats, Consolidations – Innovations – Perspectives*, Dalloz, 2016, n° 28.163

[178] M. MEKKI, « Les remèdes à l'inexécution dans le projet d'ordonnance portant réforme du droit des obligations », Gaz. Pal. 2015, p. 37

106. Mise en œuvre de la clause – À ce titre, le créancier doit subordonner la résolution à une mise en demeure préalable, à condition de mentionner expressément la clause résolutoire. À défaut, la clause résolutoire est privée d'efficacité. Toutefois, le texte ne précise pas si l'existence de la clause doit être mentionnée ou son libellé reproduit.

107. Devoir de bonne foi – En outre, si l'article 1225 du Code civil ne mentionne pas expressément le devoir de bonne foi du créancier dans la mise en œuvre de la clause résolutoire, cette exigence de mise en demeure traduit implicitement celle de bonne foi, admise de longue date par la jurisprudence et qui a pu faire obstacle au jeu de la clause résolutoire, lorsqu'invoquée de mauvaise foi par le créancier. Cette jurisprudence a certainement vocation à perdurer sous l'empire du nouvel article 1104 du Code civil, l'exécution pouvant inclure l'inexécution[179]. La tolérance du créancier face à l'inexécution répétée d'un débiteur défaillant peut ainsi le priver du droit de mettre en œuvre brutalement la clause résolutoire selon la jurisprudence[180]. Si le revirement brutal du créancier peut entrainer une paralysie de son droit de résoudre le contrat, la question s'est posée de savoir dans un arrêt rendu le 19 janvier 2018, s'il commet un manquement contractuel autorisant le débiteur défaillant à demander la résolution du contrat[181]. La Cour de cassation a répondu par la négative conformément au respect de la force obligatoire du contrat. Toutefois, la solution rendue par la chambre commerciale peut également suggérer qu'il n'y a en réalité aucune faute de la part du créancier à revenir, même soudainement, à la lettre du contrat. Si cette interprétation n'emporte pas nécessairement conviction, il n'est pas exclu que la Cour de cassation ait considéré que seul un manquement contractuel de la part du créancier puisse emporter la résolution judiciaire du contrat par le débiteur[182].

---

[179] F. CHÉNEDÉ, *op. cit.*, n° 28. 164 ; G CHANTEPIE et M. LATINA, *op. cit.*, n° 652

[180] Civ. 1re, 16 févr. 1999, n° 96-21.997, D. 2000. 360, obs. D. Mazeaud ; Defrénois 2000. art. 37107, note D. Mazeaud

[181] Com. 10 janv. 2018, n° 16-21.959, inédit

[182] H. BARBIER, « L'intolérance soudaine du créancier ne constitue pas un manquement contractuel justifiant la résolution du contrat », RTD civ. 2018, p. 398

108. Aménagement contractuel – Par ailleurs, l'exigence de mise en demeure préalable peut être écartée par les parties dès lors que la clause stipule que la résolution « résulterait du seul fait de l'inexécution » selon l'article 1225. Une fois encore, la rédaction de la clause est déterminante de son efficacité.

109. Transition – Si la clause résolutoire emprunte la plupart de ses conditions aux règles jurisprudentielles anciennes, le régime de la résolution par notification est l'une des nouveautés majeures de la réforme du droit des contrats (B).

B. La résolution par notification

110. Autonomie de la résolution unilatérale – L'unilatéralisme n'était pas tout à fait inconnu en matière de résolution du contrat avant la réforme du droit des obligations[183]. Un régime de la résolution extrajudiciaire avait ainsi été construit par la Cour de cassation, en dehors des textes, selon une analyse économique du droit des contrats[184]. Dans un premier temps, la jurisprudence a reconnu au créancier le droit de résoudre le contrat en cas d'urgence ou de péril imminent lorsque le maintien du contrat était susceptible de lui causer un préjudice irréparable, mais également lorsque le contrat supposait une confiance particulière en son cocontractant. Puis, dans un second temps, la Haute juridiction est venue admettre dans l'arrêt « Tocqueville » que « la gravité du comportement d'une partie à un contrat peut justifier que l'autre partie y mette fin de façon unilatérale à ses risques et périls »[185], « peu important

[183] Ph. DELEBECQUE, « Le droit de rupture unilatérale du contrat : genèse et rupture », Dr. et patr. 2004, p. 56 ; L. AYNÈS, « Le droit de rompre unilatéralement : fondement et perspectives », Dr. et patr. 2004, n°126, p. 64

[184] D. MAZEAUD, « L'unilatéralisme en matière de résolution du contrat, nouvel épisode », D. 2001, p. 3239

[185] Civ. 1re, 13 oct. 1998, D. 1999, Jur. p. 197, note C. Jamin, D. 1999, Somm. p. 115, obs. P. Delebecque ; Defrénois 1999, p. 374, obs. D. Mazeaud ; JCP 1999, II, n° 10133, note N. Rzepecki ; adde, CA Douai, 6 juill. 1999, JCP 1999, I, n° 191, obs. C. Jamin

que le contrat soit à durée déterminée ou non »[186]. La résolution unilatérale était donc l'exception. Désormais, la résolution unilatérale prévue par l'article 1226 du Code civil est une faculté autonome offerte au créancier[187]. Si le législateur ne fait pas référence de manière explicite au caractère unilatéral de la sanction, préférant celui de notification, il « insiste sur le caractère technique, et non idéologique, de cette question »[188]. En outre, cette résolution « par notification » existait déjà dans les droits européens[189], ainsi qu'au sein des principes Unidroit[190].

111. Efficacité économique – La résolution unilatérale offre ainsi au créancier « une réallocation plus prompte des ressources, tout en évitant le coût d'un procès »[191]. Elle lui permet, notamment, de conclure rapidement un nouveau contrat avec un tiers, d'où l'intérêt de ne plus la concevoir comme une exception à la résolution judiciaire. Le créancier victime de l'inexécution peut ainsi, sans attendre, se libérer d'une relation contractuelle devenue infructueuse afin de rétablir, *de facto*, l'équilibre économique qui préexistait avant la conclusion du contrat. Cette innovation s'inscrit donc dans une perspective d'efficacité économique, à l'instar des objectifs affichés par la réforme du droit des contrats. Si la résolution par notification garantit une certaine célérité et répond à un impératif économique, la sécurité du débiteur, qui pourrait être victime d'un comportement abusif de son créancier, n'est pas sacrifiée pour autant, d'où les conditions strictes établies par le législateur.

112. Inexécution avérée – Le champ d'application de l'article 1226 du Code civil est très large puisqu'il vise le contrat de manière

---

[186] Civ. 1re, 20 févr. 2001, n° 99-15.170, Bull. civ. I, n° 40 ; D. 2001. 1568, note C. Jamin ; D. 2001. 3239, obs. D. Mazeaud ; Defrénois 2001. 705, obs. E. Savaux ; RTD civ. 2001. 363, n° 9, obs. J. Mestre et B. Fages

[187] L. n° 2015-177, 16 février 2015, art. 8 : « La résolution unilatérale n'est (…) plus appréhendée comme une exception au principe de la résolution judiciaire, mais est traitée comme une faculté autonome offerte au créancier qui, victime de l'inexécution, aura désormais le choix, en particulier en l'absence de clause résolutoire expresse, entre les deux modes de résolution, judiciaire ou unilatérale »

[188] G. CHANTEPIE et M. LATINA, *op. cit.*, n° 653

[189] PDEC, art. 9 :301, Code Gandolfi, art. 114

[190] Principes Unidroit, art. 7.3.1

[191] C. JAMIN, note sous Civ. 1re, 13 oct. 1998, D. 1999. 200

générale. Par conséquent, n'importe quel type de contrat est concerné, qu'il soit à durée déterminée ou indéterminée, synallagmatique ou unilatéral. Ensuite, l'article 1224 impose une « inexécution suffisamment grave », et donc une inexécution avérée. Si les Principes de droit européen du contrat acceptent le simple risque d'inexécution pour autoriser la rupture unilatérale du contrat[192], à l'image de l'« anticipatory breach » en *common law*[193], un tel principe n'est pas consacré dans le droit commun français. « Si une vertu préventive doit être trouvée à la résolution extrajudiciaire unilatérale, celle-ci ne doit servir qu'à prémunir les contractants contre un dommage à venir ou l'aggravation de celui-ci, mais une inexécution doit déjà avoir eu lieu »[194]. En effet, une telle résolution par anticipation aurait des conséquences pratiques néfastes, notamment dans le cadre des procédures collectives[195].

113. Inexécution suffisamment grave – Alors qu'initialement, la Haute juridiction exigeait une inexécution caractérisée par la gravité du comportement du débiteur, désormais, seule l'inexécution doit présenter une gravité suffisante. La résolution unilatérale est donc bien un remède à la mise en péril de l'équilibre de l'opération contractuelle, et c'est à ce titre que l'inexécution du débiteur mérite d'être qualifiée de grave[196]. En outre, la gravité suffisante de la défaillance est une condition commune à la résolution judiciaire.

114. Mise en œuvre – S'agissant de la mise en œuvre de la résolution unilatérale, le créancier doit d'abord mettre en demeure le débiteur de satisfaire à son engagement dans un délai raisonnable. Cette mise en demeure doit indiquer de manière apparente qu'à défaut pour le débiteur de s'exécuter, le créancier sera en droit de résoudre le contrat. Cette exigence procédurale est opportune, offrant une garantie au débiteur afin que ses intérêts soient protégés. La mise

---

[192] PDEC, art. 9 : 304

[193] P.-F. DE RAVEL D'ESCLAPON, « Deux arrêts rendus à New York invoquent l'inexécution anticipée comme motif de résolution unilatérale extrajudiciaire », Bull. Joly Bourse 2008, p. 430

[194] C. CHABAS, « Résolution – Résiliation », Rép. civ. 2010, maj nov. 2018, n° 168

[195] M. MEKKI, *loc. cit.* ; V. *supra* n° 85 à 89

[196] Ph. STOFFEL-MUNCK, « Le contrôle *a posteriori* de la résiliation unilatérale », Dr. et patr. 2004, n° 126

en demeure est toutefois écartée en cas d'urgence. Cela s'explique par la célérité que requièrent certaines situations, permettant ainsi de préserver la souplesse du mécanisme[197].

115. Le créancier doit ensuite notifier la résolution si l'inexécution persiste, sans qu'aucune forme particulière soit exigée. L'innovation majeure réside toutefois dans l'obligation de motivation qui faisait jusqu'à présent défaut dans la jurisprudence[198] et qui donne tout son sens à la formule « à ses risques et périls ». En effet, si le débiteur conteste la résolution devant le juge, il appartient au créancier de prouver la gravité de l'inexécution. Au-delà du côté pratique de l'obligation de motivation, il apparaît être une manifestation de l'obligation de bonne foi qui commande un certain équilibre dans les rapports entre le créancier et le débiteur[199]. Néanmoins, la question demeure quant à savoir si le créancier pourra invoquer ou non d'autres motifs que ceux indiqués dans la notification[200]. En outre, une telle exigence de motivation n'est pas prévue par les articles 1220 et 1223 du Code civil. Le titulaire d'un droit potestatif devrait pourtant toujours avoir à justifier l'exercice de son pouvoir : qu'il s'agisse de résoudre le contrat, de suspendre son exécution ou de réduire le prix. Or, rien n'explique cette omission de la part du législateur.

116. Caractère supplétif ou d'ordre public ? – Dans le silence des textes, les opinions doctrinales sont partagées quant à savoir si le mécanisme de la résolution par notification est supplétif de volonté ou non. Certaines considèrent qu'elle répond à une règle impérative dès lors qu'elle fait face à une situation d'urgence[201]. Tandis que d'autres estiment qu'il s'agit d'une règle supplétive conformément à la loi d'habilitation[202]. Au soutien de cette thèse, la jurisprudence admettait que les parties puissent renoncer par avance

---

[197] Pour la sécurité des malades : Civ. 1re, 18 févr. 2005, n° 02-14.171

[198] Com. 20 juin 2006, n° 04-15.785

[199] G. CHANTEPIE et M. LATINA, *op. cit.*, n° 659

[200] Ph. STOFFEL-MUNCK, « Le contrôle *a posteriori* de la résiliation unilatérale », Dr. et patr. 2004, n° 126 ; « La résolution par notification : question en suspens », Dr. et patr. 2014, p. 69

[201] *Ibid*

[202] F. CHÉNEDÉ, *op. cit.*, n° 128.197

au droit de demander la résolution judiciaire[203]. En ce sens, le rapport remis au Président de la République indique que, dans le silence du texte, il « doit être considéré que cette disposition n'est pas d'ordre public, y compris en cas d'urgence ». Les parties auraient donc la possibilité d'écarter, par avance, la voie extrajudiciaire de la résolution ou d'aménager les conditions de mise en œuvre de celle-ci, toujours dans la limite des clauses abusives dans les contrats d'adhésion.

117. Transition – La consécration, dans le Code civil, des mécanismes de clause résolutoire et de résolution par notification n'a pas pour autant remplacé la résolution judiciaire classique qui a disparu de la plupart des projets européens[204]. Justifiée par un manquement suffisamment grave apprécié souverainement par les juges du fond, elle peut toujours être demandée. Si elle ne fait pas l'objet d'une étude approfondie, c'est que cette sanction de l'inexécution n'est pas nouvelle et qu'elle perd une partie de son intérêt pour le créancier. Les seules hypothèses dans lesquelles elle pourrait subsister sont lorsque, d'une part, elle est utilisée comme substitut à une résolution par notification qui aurait été refusée par les juges et lorsque d'autre part, le créancier ne souhaite pas mettre fin unilatéralement au contrat. Néanmoins, peu importe le mode de résolution utilisé, les effets étant identiques (Paragraphe 2).

§. 2 LES EFFETS DE LA RÉSOLUTION

118. Annonce – La grande nouveauté apportée par la réforme du droit des contrats est que le Code civil traite désormais des effets attachés à la résolution alors que les textes antérieurs ne disaient mot des conséquences d'une telle sanction. Ces précisions sont donc bienvenues, renforçant la prévisibilité et l'efficacité économique du contrat pour chacune des parties. Les disparités entre les textes européens, les avant-projets français et les articles 1229 et 1230

---

[203] Civ. 3e, 3 nov. 2011, n° 10-26.203 , Bull. civ. III, n° 178 ; D. 2011. 2795 ; D. 2012. 459, obs. Amrani-Mekki et Mekki ; AJDI 2012. 780, obs. Cohet-Cordey ; RTD civ. 2012. 114, obs. Fages

[204] PDEC, art. 9 :301 ; Principes Unidroit, art. 7.3.1 ; Code Gandolfi, art. 114

du Code civil nouveau témoignent d'un compromis effectué par le législateur. Les effets de la résolution déterminent ainsi la date de fin du contrat, l'étendue des restitutions et le sort de certaines clauses appelées à survivre à l'anéantissement de la convention.

119. Date de la fin du contrat – D'abord, l'effet principal de la résolution est de rompre le lien contractuel entre les parties, en mettant fin au contrat. L'article 1229 du Code civil précise que la résolution prend effet, soit dans les conditions prévues par la clause résolutoire, soit à la date de la réception de la notification par le débiteur, soit à la date fixée par le juge, ou, à défaut, au jour de l'assignation. Ces dispositions ont donc le mérite de clarifier l'état du droit existant.

120. Effet de la résolution dans le temps – Après avoir déterminé le terme de la relation contractuelle, encore faut-il régler l'effet de la résolution dans le temps. Si classiquement un effet rétroactif était attaché à la résolution, rien n'est précisé par le texte, ce qui laisse penser que le législateur n'a pas souhaité se prononcer sur l'effet rétroactif des différentes sanctions[205]. En ce sens, le rapport remis au Président de la République indique que l'ordonnance abandonne « la fiction juridique de la rétroactivité traditionnellement attachée à la résolution par la doctrine et la jurisprudence ». La distinction traditionnelle était faite entre la résolution, qui opère rétroactivement dès l'origine, et la résiliation, qui ne fait disparaître le contrat que pour l'avenir, au jour de l'inexécution[206], puisqu'il ne servait à rien de revenir sur la période ayant donné satisfaction en présence d'un contrat à exécution successive. Or, la question des restitutions est désormais détachée de la rétroactivité[207].

121. Étendue des restitutions – La résolution emporte la mise en œuvre de restitutions, qui visent à corriger le déséquilibre consécutif à l'inexécution constatée. Désormais, les restitutions

---

[205] T. GENICON, « « Résolution » et « résiliation » dans le projet d'ordonnance portant réforme du droit des contrats », JCP 2015, p. 960

[206] Civ. 3e, 1er oct. 2008, n° 07-15338: Defrénois 30 déc. 2008, p. 2499, n° 38874, obs. R. Libchaber ; RDC 2009, p. 70, obs. T. Génicon ; RDC 2009, p. 168, obs. J.-B. Seube

[207] M. MEKKI, *loc. cit.*

ne sont plus liées aux dates de fin du contrat puisqu'elles se distribuent selon l'utilité des prestations échangées. Si elles ne trouvent leur utilité que par l'exécution complète du contrat, les restitutions seront alors intégrales. À l'inverse, si elles prouvent leur utilité au fur et à mesure de l'exécution du contrat, il n'y aura pas lieu à restitution pour « la période antérieure à la dernière prestation n'ayant pas reçu sa contrepartie ». C'est dans ce dernier cas qu'il conviendra d'employer le terme « résiliation ». L'effet rétroactif est ainsi écarté puisque la résolution produit effet à la date de la notification et non à la date de l'inexécution, sauf stipulation ou décision du juge contraire. La faculté offerte au créancier de réagir sans attendre à l'inexécution semble justifier que ne soit pas prise en compte la période entre l'inexécution et la notification de la résolution[208]. À l'inverse, si la décision intervient dans un temps plus long, la décision du juge permettra à la résolution de prendre effet au moment de l'inexécution, antérieurement à l'assignation en justice. Ce mécanisme apparaît alors bienvenu, assurant un certain équilibre entre l'inexécution du débiteur défaillant et la prise d'effet des restitutions au profit du créancier victime de l'inexécution. Toutefois, les praticiens devront s'accorder sur ce qui aura été utile ou pas en l'absence de repère jurisprudentiel antérieur.

122. Automaticité des restitutions ? – Un arrêt récent interroge toutefois quant à l'automaticité des restitutions. La Cour de cassation a considéré que le juge qui prononce la résolution d'une vente entrainant de plein droit la remise des parties en l'état où elles se trouvaient antérieurement à sa conclusion n'avait pas à ordonner dans le même temps que la restitution du prix, celle de la chose vendue[209]. Selon l'analyse ci-dessus, il est possible que le législateur ait souhaité détacher la question des restitutions de la rétroactivité, remettant en cause le principe posé par l'arrêt. Selon une autre interprétation, l'automaticité des restitutions deviendrait possible par le seul effet du jugement[210], le droit

---

[208] T. GENICON, *loc. cit.* ; G. CHANTEPIE et M. LATINA, *op. cit.*, n° 669
[209] Civ. 1re, 25 mai 2016, n° 15-17.317, M. Y c/ M. X, D. 2016. 1199 ; RTD civ. 2016. 854, obs. H. Barbier; RTD com. 2016. 836, obs. B. Bouloc
[210] M. MEKKI, « Droit des contrats », D. 2017, p. 375

des restitutions étant rattaché à « l'effet de la loi ». D'autres effets attachés à la résolution préservent toutefois l'efficacité de certaines clauses qui présentent un intérêt à la rupture du contrat ou qui élargissent la résolution à d'autres contrats.

123. Préservation de l'efficacité de certaines clauses – « L'anéantissement du contrat doit-il tout emporter avec lui ? »[211] Si la résolution affecte en principe l'entier contrat, l'effet de certaines clauses peut subsister alors même que le support de celles-ci disparaît pour le passé. Que certains auteurs y voient une manifestation de la nullité partielle, du caractère accessoire de certaines parties du contrat ou de l'autonomie juridique de ces dernières, la survie de certaines clauses accessoires est désormais acquise.[212] Il va s'agir des clauses régissant l'après-contrat et qui sont relatives aux litiges que peut engendrer le contrat qui en constituait une matrice. La jurisprudence a ainsi fait survivre à la résolution du contrat les clauses attributives de juridiction[213], les clauses compromissoires[214] et les clauses pénales[215]. Désormais, l'article 1230 du Code civil prévoit que « la résolution n'affecte ni les clauses relatives au règlement des différends, ni celles destinées à produire effet même en cas de résolution, telles les clauses de confidentialité et de non-concurrence ». Si cette solution consacre la jurisprudence classique de la Cour de cassation, elle innove puisque la Haute juridiction refusait jusqu'à présent qu'un créancier puisse se prévaloir d'une clause de non-concurrence[216]. Désormais, l'efficacité des clauses peut être appréciée selon deux critères assortis de deux exemples.

---

[211] D. HOUTCIEFF, « Résolution du contrat : ce qui reste quand elle a tout emporté », Gaz. Pal. 2018, p. 25

[212] J. KNETSCH, « La survie des clauses limitatives de responsabilité à la résolution du contrat : le « pire des casse-tête » enfin résolu ? », RDC 2018, p. 196

[213] Civ. 2e, 11 janv. 1978, n° 76-11237 : Bull. civ. II, n° 13

[214] Com., 12 nov. 1968, n° 67-10422 : Bull. civ. IV, n° 316 ; RTD civ. 1969, p. 563, obs. Loussouarn Y

[215] Civ. 3e, 15 févr. 2005, n° 04-11223

[216] Civ. 1re, 29 nov. 1989, n° 87-11.473, D. 1990. 335, obs. Y. Serra ; RTD civ. 1990. 473, obs. J. Mestre ; 6 mars 1996, n° 93-21.728, D. 1997. 97 , obs. Y. Serra , et 321, obs. J. Penneau ; RTD civ. 1996. 906, obs. J. Mestre

124. Cas des clauses limitatives de réparation – Si ces derniers ne sont pas exhaustifs, reste à savoir si d'autres clauses peuvent entrer dans son champ d'application, notamment les clauses limitatives de réparation. À ce titre, leur survie a été récemment consacrée au visa des règles du droit antérieur, alors que le jeu de ces dernières a longtemps été écarté par la Cour de cassation[217]. Cette solution, conforme à la volonté des parties, est décisive de l'économie des contrats. Privées d'effet en cas de dol ou de faute lourde[218], ces clauses ne vont jamais jusqu'à autoriser l'inexécution volontaire de la prestation en atténuant la réparation. Il ne fait ainsi guère de doute que si la Cour de cassation s'était inspirée des dispositions de la réforme pour rendre son arrêt, elle aurait statué dans le même sens étant donné que l'article 1230 « a manifestement vocation à embrasser toutes les clauses de responsabilité dont le fait générateur réside dans l'inexécution et dont l'objectif est d'en aménager les conséquences, soit en faveur du créancier (clause pénale), soit en faveur du débiteur (clause élusive de responsabilité, clause limitative de responsabilité, clause limitative de réparation) »[219]. Cette décision donne donc un éclaircissement sur la nature non exhaustive du nouvel article 1230[220]. Cet article, bien qu'édictant une règle spécifique au cas de la résolution, est sans doute précurseur d'un principe général applicable à d'autres formes de disparition du contrat, telle que la caducité[221].

125. Extension à un ensemble contractuel – La résolution du contrat peut également entrainer la rupture d'autres contrats qui forment un ensemble contractuel indivisible, car nécessaires

---

[217] T. GENICON, « Coup de théâtre : la résolution du contrat emporte avec elle la clause imitative de responsabilité ! », RDC 2011, p. 431

[218] C. civ., art. 1231-3 : « Le débiteur n'est tenu que des dommages et intérêts qui ont été prévus ou qui pouvaient être prévus lors de la conclusion du contrat, sauf lorsque l'inexécution est due à une faute lourde ou dolosive »

[219] D. MAZEAUD, « Le sort des clauses limitatives de réparation en cas de résolution du contrat », D. 2018, p. 537 ; dans le même sens : N. KILGUS, « Application d'une clause limitative de réparation en cas de résolution d'un contrat pour inexécution », D. 2018 ; L.-M. AUGAGNEUR, « Effet de la résolution du contrat sur la clause limitative de responsabilité », AJ contrat 2018, p. 130

[220] H. BARBIER, « L'applicabilité des clauses limitatives de réparation en cas de résolution du contrat », RTD civ. 2018, p. 401

[221] H. BARBIER, « L'exécution et la sortie du contrat », RDC 2018, p. 40

à la réalisation d'une même opération. Les articles 1186 et 1187 du Code civil envisagent la caducité des contrats dont l'exécution est rendue impossible par la disparition de l'un d'eux et ceux pour lesquels l'exécution du contrat disparu était une condition déterminante du consentement d'une partie. « Est ainsi transposé, aux ensembles contractuels, le fondement de la caducité d'un contrat isolé, la disparition d'un élément essentiel à sa formation ou à son efficacité »[222]. Cette solution est opportune puisqu'elle tient compte non seulement d'une finalité économique unique, mais encore une fois, de la volonté des parties. Quant à la possibilité de stipuler une clause de divisibilité, elle est appréciée strictement par la Cour de cassation. Alors que certains arrêts écartent cette possibilité lorsque la clause est en contrariété avec l'économie générale du contrat[223], d'autres arrêts exigent de démontrer l'intention commune des parties de rendre leurs accords indivisibles[224]. Faute de précision des critères de l'ensemble contractuel, de telles solutions semblent pouvoir subsister à l'avenir.

126. Transition – Les nouvelles prérogatives offertes au créancier, qu'elles soient généralisées ou déjudiciarisées, confèrent aux nouvelles sanctions de l'inexécution une plus grande efficacité à l'encontre d'un débiteur défaillant, soit en l'imposant de respecter la force obligatoire du contrat, soit en rétablissant l'équilibre économique bouleversé par l'inexécution. Toutefois, les dispositions examinées augurent, en réalité, certaines difficultés qui vont nécessiter un encadrement de ces nouvelles sanctions (Deuxième partie).

---

222 G. CHANTEPIE, « Contrat : effets », Rép. civ. 2018, n° 285

223 Com. 15 févr. 2000, n°97-19.793, Bull. civ. IV, n° 29 ; D. 2000. 364, obs. Delebecque ; RTD civ. 2000. 325, obs. Mestre et Fages

224 Com. 18 déc. 2007, n° 06-15.116, Bull. civ. IV, n° 268 ; D. 2008. 158, obs. Delpech ; RTD com. 2008. 404, obs. Legeais

SECONDE PARTIE
L'ENCADREMENT DES NOUVELLES SANCTIONS DE L'INEXÉCUTION

127. Annonce – Le renforcement de l'efficacité des nouvelles sanctions de l'inexécution par le législateur nécessite de contrebalancer les pouvoirs unilatéraux mis à la disposition du créancier. Autrement dit, les prérogatives offertes au créancier se doivent d'être encadrées dans un souci de sécurité juridique et de protection des intérêts du débiteur. D'ailleurs, « si la figure du juge n'est que rarement expressément évoquée par l'ordonnance, son ombre est bien présente »[225]. En effet, il opère désormais un contrôle *a posteriori* de la mise en œuvre des sanctions par le créancier victime de l'inexécution. Si le juge n'intervient plus au stade de la mise en œuvre des sanctions, grâce à l'aval législatif, il intervient postérieurement pour rectifier l'éventuel abus du créancier dans l'exercice de ses prérogatives. La saisine du juge devient alors une mesure ultime[226].

128. Recrudescence des standards – L'intervention du juge est alors bienvenue lorsqu'elle compense la possibilité offerte au créancier d'exercer unilatéralement les sanctions de l'inexécution du contrat[227]. Toutefois, l'imprécision des textes, le recours à de multiples standards et le formalisme exigé accroissent les pouvoirs du juge qui aura pour mission de parachever l'œuvre du législateur[228].

129. Hiérarchisation des sanctions – De plus, les difficultés rencontrées dans les dispositions examinées et les diverses modalités exigées par le législateur, ainsi que la liberté de choix offerte aux parties vont procéder à la hiérarchisation implicite des sanctions

---

[225] F. ANCEL, « Quel juge pour le contrat au XXIe siècle ? », D. 2017, p. 721

[226] M. MEKKI, « Qui dit contractuel, dit juge ? », Gaz. Pal. 2016, p. 3

[227] N. ANCEL, « Le juge et les remèdes à l'inexécution du contrat », RDC 2016, p. 408

[228] M. BOURASSIN, « L'emprise inéluctable des juges sur le nouveau droit des contrats », LPA 2016, p. 9

de l'inexécution alors que le rapport au président de la République précise, à l'inverse, que l'article 1217 du Code civil n'en propose aucune[229]. Si de manière évidente, l'encadrement intervient par le contrôle effectué *a posteriori* par le juge (Chapitre 1), l'encadrement procède également d'une hiérarchisation implicite des sanctions (Chapitre 2).

---

[229] G. WICKER, R. SCHULZE, G. MÄSCH et D. MAZEAUD, *La réforme du droit des obligations en France, 5èmes journées franco-allemandes,* Société de législation comparée, vol. 20, 2015, n° 18 et s.

CHAPITRE PREMIER
LE CONTRÔLE *A POSTERIORI* PAR LE JUGE

130. Retrait du juge – Alors que le juge était classiquement le seul à pouvoir mettre en œuvre les sanctions de l'inexécution afin d'éviter que le créancier ne prenne prétexte de la moindre défaillance pour contraindre le débiteur à s'exécuter ou à rompre le contrat, désormais c'est au créancier qu'il revient de choisir et d'exercer les sanctions de l'inexécution.[230] La lenteur, l'aléa et le coût que représente le recours à un juge freinaient considérablement l'efficacité des sanctions de l'inexécution, mais également la circulation des richesses et la rapidité des échanges. De plus, l'absence de codification allait en défaveur de la sécurité juridique, et partant, de la prévisibilité contractuelle. En effet, selon le rapport remis au Président de la République, la jurisprudence serait « par essence fluctuante, voire incertaine, et peut être ressentie par les acteurs économiques comme difficilement accessible et complexe dans son appréhension ». Le législateur a ainsi souhaité, par la réforme du droit des contrats, limiter considérablement l'intervention du juge au stade de l'inexécution contractuelle[231].

131. Garant de l'équilibre contractuel – Si, au nom de l'efficacité des sanctions de l'inexécution, le juge n'est plus seul acteur de leur mise en œuvre, il reste néanmoins garant d'un équilibre minimal à maintenir entre les intérêts antagonistes du débiteur et du créancier[232]. En effet, si le débiteur est défaillant, ses intérêts ne doivent pas pour autant être sacrifiés au bénéfice du créancier victime de l'inexécution.[233] En outre, le développement de standards, tels que la bonne foi et l'économie du contrat, a fait gagner du terrain

[230] Y.-M. LAITHIER, « Les sanctions de l'inexécution du contrat », RDC 2016, p. 39

[231] A. CHATAIN, « Le rôle du juge dans la réforme du droit des contrats », Gaz. Pal. 2016, p. 12

[232] P. REMY, « L'inexécution du contrat », in *Pour une réforme du droit des contrats*, F. TERRÉ (dir.), Dalloz, 2008

[233] G. LARDEUX, « Droit positif et droit prospectif de l'unilatéralisme dans le contrat », in *L'efficacité du contrat*, G. LARDEUX (dir.), Paris, Dalloz, 2011, p. 2

aux doctrines du solidarisme contractuel qui prônent davantage de loyauté et de solidarité dans le contrat. Dans ce contexte, il apparaît logique que le juge possède un pouvoir de contrôle sur le pouvoir unilatéral du créancier qui pourrait mettre en œuvre de manière abusive les sanctions de l'inexécution[234].

132. Intervention *a posteriori* – Si l'émergence de nouveaux pouvoirs unilatéraux au bénéfice des contractants a contribué au recul du rôle du juge, en réalité, seul le moment de son intervention a été déplacé[235]. À cet égard, les actions interrogatoires consacrées par le nouveau Code civil témoignent de la volonté de retarder l'intervention du juge[236]. Puisqu'il n'est plus à l'origine du prononcé de la sanction et que le créancier n'a plus nécessairement besoin de requérir son autorisation pour la mettre en œuvre, le juge n'intervient plus en amont, mais en aval, pour contrôler le bon usage des sanctions de l'inexécution et pour sanctionner son mauvais usage, le cas échéant[237]. Les nouvelles sanctions de l'inexécution ont alors entrainé la métamorphose de son office. Toutefois, le contrôle du juge doit apparaître équilibré : autrement dit, il ne doit être ni trop sévère, afin que cela ne dissuade pas le créancier d'utiliser ses nouvelles prérogatives, ni trop faible, afin que ce dernier ne soit pas injustement favorisé au détriment du débiteur. Le contrôle effectué par le juge doit ainsi reposer sur un équilibre entre sécurité juridique, liberté individuelle et justice contractuelle[238]. Avant d'envisager un tel contrôle, encore faut-il que l'exercice de la prérogative du créancier soit soumis à des exigences procédurales.

---

[234] B. JALUZOT, *La bonne foi dans les contrats, Étude comparative de droit français, allemand et japonais*, Dalloz, 2001, p. 403 s.
[235] M. MEKKI, « Le juge et les remèdes à l'inexécution du contrat », RDC 2016 p. 400 ; N. ANCEL, *loc. cit.*
[236] A. CHATAIN et J.-Ph. ERB, « Les conséquences de la réforme du droit des contrats sur l'intervention du juge », JCP E 2017, n° 18, p. 1245
[237] J.-F. HAMELIN, « L'exercice des nouveaux pouvoirs unilatéraux du contractant », RDC 2018, p. 514
[238] C. DE CABARRUS, C. JAMIN, S. PIMONT, « Le nouveau droit des contrats – Entre pouvoir du juge, efficacité économique et justice contractuelle… », Cah. dr. entr. 2018, entretien 3, n° 3

133. Annonce – Le contrôle *a posteriori* par le juge s'effectue, dans un premier temps, par une vérification des conditions formelles de mise en œuvre de la sanction de l'inexécution (Section 1), et dans un second temps, par une interprétation des conditions substantielles de l'exercice de la sanction (Section 2).

SECTION 1
LA VÉRIFICATION DES CONDITIONS FORMELLES

134. Contrôle du respect du formalisme – Si l'unilatéralisme, caractéristique des sanctions de l'inexécution après la réforme du droit des contrats, entraine le retrait du juge ; force est d'admettre que la montée en puissance d'un nouveau type de contrôle est inévitable eu égard à son intervention *a posteriori*[239]. De deux choses l'une : soit les parties sont d'accord sur les suites à donner à l'inexécution, auquel cas, aucune intervention du juge n'est possible ; soit elles ne se mettent pas d'accord, le créancier ayant alors le pouvoir de mettre en œuvre de manière judiciaire ou extrajudiciaire les mesures prévues à l'article 1217 du Code civil. Ainsi, le recours au juge deviendra nécessaire dès lors que nait une contestation entre le débiteur et le créancier : soit que ce dernier ait exercé une prérogative de manière unilatérale, sans avoir respecté les conditions qui y sont attachées ; soit que la sanction de l'inexécution ait été mise en œuvre de manière judiciaire. Dans le dernier cas, le contrôle effectué par le juge sera identique à celui qu'il exerçait auparavant. Puisque les sanctions de l'inexécution après la réforme du droit des contrats peuvent être mises en œuvre unilatéralement, le rôle du juge se cantonnera dans un premier temps au respect des conditions de forme des nouvelles prérogatives du créancier.

135. Annonce – En vertu des impératifs de sécurité juridique et de protection du débiteur, l'exercice des nouvelles prérogatives

---

[239] Ph. BRUN, « Rapport de synthèse », RDC 2016, p. 416

par le créancier est enfermé dans un strict formalisme (Paragraphe 1), dont découlent des exigences temporelles (Paragraphe 2)[240].

§. 1 LES EXIGENCES FORMELLES

136. Annonce – Le juge n'est plus que le garant de la bonne application des prérequis procéduraux dans le déclenchement des sanctions de l'inexécution par le créancier.[241] Toutefois, le vocabulaire employé par la réforme du droit des contrats instille de nouvelles interrogations quant aux exigences que reflètent ces termes. La réforme multiplie ainsi les mises en demeure (A), notifications (B), motivations (C), en vertu des nouveaux pouvoirs exorbitants conférés au créancier.

A. L'exigence de mise en demeure

137. Exigence de mise en demeure face à l'unilatéralisme – Du latin *mora*, retard, la mise en demeure consiste en une demande formelle faite au débiteur d'exécuter son obligation. Elle est classiquement définie comme une « interpellation en forme de sommation, lettre missive ou tout acte équivalent, aux termes de laquelle un créancier notifie à son débiteur sa volonté de recouvrer sa créance »[242]. Elle peut, à première vue, apparaître superflue face au principe d'exigibilité de l'obligation. Or, selon l'adage *dies non interpellat pro homine*, le seul retard est insuffisant à mettre le débiteur en demeure de s'exécuter. Si le créancier omet de mettre en demeure le débiteur de satisfaire à son engagement, le droit français considère qu'il lui consent une prorogation tacite d'échéance[243]. La mise en demeure n'est donc pas inconnue du droit français, elle était déjà exigée pour la mise en œuvre d'une clause pénale sanctionnant une obligation de faire[244], pour l'obtention

---

[240] L. AYNÈS, « Rupture unilatérale du contrat », RDC 2004, p. 273
[241] N. ANCEL, *loc. cit.*
[242] G. CORNU, *Vocabulaire juridique*, 11e éd., PUF, 2016, n° 13, p. 326
[243] V. FORTI, « Exécution forcée en nature », Rép. civ., oct. 2016
[244] C. civ., art. ancien 1230

de dommages et intérêts en cas de retard dans l'exécution[245], pour faire peser le risque de perte de la chose sur celui qui devait la livrer[246], ou encore, pour la mise en œuvre d'une clause résolutoire. Si elle n'apparaissait pas à l'époque comme une exigence répondant à l'exercice d'un pouvoir unilatéral, il en va désormais différemment[247].

138. Fonctions de la mise en demeure – En effet, le développement de cet unilatéralisme s'accompagne de la charge corrélative pour le créancier de procéder à l'information du débiteur. En effet, le créancier ne peut tirer les conséquences juridiques du comportement de son débiteur sans l'avertir. L'obligation de motivation a été développée dans le but de stabiliser le lien contractuel en faveur de la partie faible, mais également afin de faciliter la contestation des actes unilatéraux dont elle subit les effets. La mise en demeure assure ainsi un respect minimal des intérêts du débiteur, évitant que ce dernier soit surpris par son cocontractant. Elle a également un effet comminatoire, incitant celui-ci à s'exécuter volontairement[248]. À l'exclusion de l'exception d'inexécution, toutes les sanctions unilatérales sont alors assorties d'une mise en demeure. Si la sanction de l'exception d'inexécution fait exception, c'est qu'elle a pour fonction de favoriser l'exécution volontaire du débiteur. Dès lors, exiger une mise en demeure ferait nécessairement double emploi[249], tandis que dans l'exception d'inexécution anticipée, l'obligation n'étant pas arrivée à échéance, l'exigence d'une mise en demeure serait, quant à elle, dénuée de sens. En effet, le principe d'une mise en demeure est d'informer le débiteur de la volonté du créancier de recouvrer sa créance.

---

[245] C. civ., art. ancien 1146

[246] C. civ., art. ancien 1138

[247] J.-F. HAMELIN, *loc. cit.*

[248] J. ROCHFELD, « Remarques sur les propositions relatives à l'exécution et à l'inexécution du contrat : la subjectivation du droit de l'exécution », RDC 2006, p. 113

[249] Y.-M. LAITHIER, *loc. cit.* ; O. DESHAYES, « La mise en demeure préalable aux sanctions de l'inexécution contractuelle : état des lieux critique après la réforme de 2016 », RDC 2019, p. 29

139. Exigence critiquable au titre de la réduction unilatérale du prix – De fait, l'exigence de mise en demeure dans la réduction unilatérale du prix apparaît étonnante puisqu'elle est contraire au souhait du créancier qui se satisfait justement d'une exécution imparfaite, moyennant un prix, plutôt que d'une exécution forcée. En effet, si le créancier se contente d'une exécution imparfaite, son choix résulte d'une mise en balance entre l'avantage à percevoir une exécution parfaite et l'inconvénient que représentent le temps et l'argent perdus pour l'obtenir. Or, la mise en demeure, en laissant au débiteur une chance de corriger l'exécution défectueuse, trahit la volonté du créancier. En outre, si la fonction de la mise en demeure ne consiste pas à laisser une dernière chance au débiteur de s'exécuter, mais de le sommer d'accepter la réduction du prix sous peine de réduction unilatérale ; elle ne présente aucun intérêt, puisque dans tous les cas, le prix sera réduit[250].

140. Précisions exigées au titre de la résolution – Si aucune précision n'est donnée quant au contenu de la mise en demeure préalable à l'acquisition de la réduction du prix, en cas de résolution elle doit mentionner expressément la clause résolutoire[251] ou « qu'à défaut pour le débiteur de satisfaire à son obligation, le créancier sera en droit de résoudre le contrat »[252]. Puisque celle-ci est le corollaire de l'accroissement des prérogatives unilatérales des parties, les juges vont certainement se montrer stricts dans le respect de ces exigences.[253]

141. Exceptions à la mise en demeure – Elle peut toutefois être écartée en cas d'urgence, notamment lorsque le créancier ne se trouve plus en mesure de laisser une dernière chance au débiteur[254], mais également en cas d'impossibilité d'exécuter. Conformément à la possibilité de prévoir des aménagements conventionnels, la mise en demeure peut être renforcée, comme elle semble pouvoir être supprimée, notamment par une clause résolutoire. Si une majorité

---

[250] G. CHANTEPIE et M. LATINA, *op. cit.*, n° 643
[251] C. civ., art. 1225
[252] C. civ., art. 1226
[253] B. MATHIEU, « Le nouveau droit de l'inexécution du contrat en pratique, Quelques conjectures », JCP E 2019, p. 1126
[254] F. CHÉNEDÉ, *op. cit.*, n° 28.173

d'auteurs s'est prononcée contre la validité de telles clauses, considérant qu'il s'agit de la réserve d'abus de droit s'imposant aux parties ou que de telles clauses iraient directement à l'encontre du législateur, qui prône l'équilibre entre les intérêts du créancier et du débiteur[255] ; il semble pourtant que l'esprit de la réforme aille dans le sens inverse. Si un contrôle doit être effectué pour contrebalancer les pouvoirs unilatéraux conférés aux contractants, les parties qui ont prévu explicitement, entre elles, les modalités de mise en œuvre de ces prérogatives individuelles remplissent alors « le même rôle de garde-fou que celui de l'appréciation du juge à l'aune d'un standard »[256]. D'autant que la réglementation des clauses abusives assure la protection de la partie faible lorsque celle-ci est dénuée de pouvoir de négociation. Néanmoins, ces incertitudes sont source d'insécurité juridique et accroissent le rôle du juge qui devra trancher en faveur de l'impérativité ou de la supplétivité[257].

142. Sanctions ? – Les conséquences du défaut de mise en demeure ne sont toutefois pas précisées par le texte. Il semblerait que le créancier ne puisse plus mettre en œuvre la sanction de l'inexécution ou bien qu'elle soit privée d'effet. Si de telles conséquences peuvent se concevoir en cas de résolution intervenue sans que le débiteur ait été mis en demeure, une telle solution serait plus surprenante en cas d'exécution forcée par le créancier qui aurait omis de mettre en demeure le débiteur de s'exécuter[258]. Par ailleurs, l'exigence de mise en demeure s'accompagne parfois d'une exigence de notification, bien qu'elle soit moins récurrente que la première.

---

[255] N. BLANC, « Le juge et les standards juridiques », RDC 2016, p. 394, n°17

[256] B. MATHIEU, *loc. cit.*

[257] C. PÉRÈS, « Règles impératives et supplétives dans le nouveau droit des contrats », JCP G 2016, p. 454, n° 16

[258] O. DESHAYES, « La mise en demeure préalable aux sanctions de l'inexécution contractuelle : état des lieux critique après la réforme de 2016 », RDC 2019, p. 29

B. L'exigence de notification

143. Exigence de notification – Alors que la mise en demeure n'était pas totalement ignorée du droit des contrats, la notification fait véritablement son entrée dans la matière à l'occasion de la réforme, à l'image de ce qui existait déjà dans le droit européen[259]. Néanmoins, le législateur n'en a donné aucune définition, ce qui suppose qu'elle puisse prendre n'importe quelle forme, les parties pouvant alors y remédier conventionnellement et prévoir que la notification prendra la forme d'une lettre recommandée ou d'un exploit d'huissier. À cet égard, la notification peut s'entendre comme « l'acte par lequel une personne porte à la connaissance d'une autre une information »[260]. Celle-ci répond au besoin d'information du débiteur. Cette exigence d'information est, encore une fois, bienvenue au regard des dangers qu'emportent les prérogatives unilatérales reconnues au créancier.

144. Exigence lacunaire – Pour autant, l'exigence de notification n'est pas prévue pour toutes les sanctions de l'inexécution, ce qui peut étonner eu égard à l'ignorance dans laquelle le débiteur peut être laissé. L'absence de notification peut alors se concevoir lorsqu'un débiteur ne s'exécute pas à l'échéance, celui-ci devant légitimement s'attendre à une réaction de son cocontractant. En revanche, l'article 1222 du Code civil n'évoque pas d'exigence de notification, alors qu'il serait opportun que le débiteur sache lorsque le créancier fait exécuter l'obligation par un tiers afin d'éviter une double exécution. Comme en matière de résolution, le créancier devrait avertir le débiteur de ce qu'il fera en cas d'inexécution persistante. Cette lacune suppose que les contractants prévoient conventionnellement une notification dans la mise en œuvre de l'exécution forcée par un tiers. À l'inverse, la notification du débiteur est exigée par l'article 1220 du Code civil, car le débiteur qui n'a pas encore à exécuter doit logiquement être averti de la riposte préventive mise en œuvre contre lui. De la même manière, il apparaît tout à fait logique que la rupture du contrat mise en œuvre unilatéralement parvienne à la connaissance de l'autre partie.

---

259 PDEC, art. 9:303

260 J.-F. HAMELIN, *loc. cit.*

Il semble alors difficile d'admettre une clause écartant toute notification malgré le caractère a priori supplétif du texte, laissant là encore la possibilité pour le juge de contrôler les conditions formelles de mise en œuvre des sanctions de l'inexécution.

C. L'exigence motivation

145. Obligation de motivation – En revanche, si la décision doit être motivée lorsque la résolution du contrat est exercée, tel n'est pas le cas lorsque l'exception pour risque d'inexécution est mise en œuvre. Or, il aurait été préférable que l'*excipiens* ait à motiver sa décision afin de permettre au débiteur de juger de l'opportunité d'un recours en justice en fonction des motivations exposées par le créancier. En effet, il est impossible de connaitre les données de faits qui caractérisent l'inexécution ou sa gravité pour un contractant, sauf à l'obliger à motiver l'exercice de son pouvoir unilatéral[261]. Or, une telle exigence peut, dans un premier temps, éviter qu'une contestation soit portée devant le juge, en permettant au débiteur d'apprécier la légitimité du pouvoir unilatéral exercé par le créancier.

146. Omission regrettable – Pourtant, l'exercice de toute prérogative unilatérale ne se trouve pas subordonné à l'obligation de motivation[262]. Or, rien ne justifie qu'elle soit exigée pour l'exercice de la résolution par notification, et non pas pour l'exception pour risque d'inexécution ou pour la réduction du prix[263]. Il reviendra une fois encore au juge d'éventuellement exiger une motivation sous le couvert du devoir de bonne foi[264]. C'est, en effet, à l'aune de cette motivation que sera appréciée la légalité du comportement du créancier et que le juge pourra décider s'il était conforme en vertu des éléments de faits du litige.

---

[261] M. FABRE-MAGNAN, « L'obligation de motivation en droit des contrats », in *Études offertes à Jacques Ghestin*, LGDJ, 2001, p. 301 et s

[262] J. ROCHFELD, *loc. cit.*

[263] J. ROCHFELD, *ibid.*

[264] F. CHÉNEDÉ, *op. cit.*, n° 28.135

147. Transition – L'appréciation dévolue au juge est donc susceptible d'étendre le champ du litige, contrairement à la limitation du contentieux voulue par la réforme du droit des contrats[265]. Ce pouvoir d'appréciation se retrouve également dans les modalités temporelles de mise en œuvre des nouvelles sanctions de l'inexécution (Paragraphe 2).

§. 2 LES EXIGENCES TEMPORELLES

148. Annonce – Les exigences temporelles imposées par l'ordonnance lors de l'exercice des pouvoirs unilatéraux apparaissent peu nombreuses. Elles se limitent au respect d'un « délai raisonnable » (A) ou à une notification « dans les meilleurs délais » (B), mais sont susceptibles de provoquer une insécurité juridique (C).

A. Le respect d'un « délai raisonnable »

149. « Délai raisonnable » – D'abord entériné par le Code de commerce[266], le Code de la consommation[267] et les solutions jurisprudentielles[268], le délai raisonnable a fait son entrée dans le Code civil[269] à l'occasion de la réforme du droit des contrats, étant présent pas moins de neuf fois dans les nouveaux textes. « Le délai raisonnable y apparaît alors comme le prolongement de la mise en demeure »[270], offrant au débiteur un délai suffisant pour lui laisser une chance de s'exécuter. Si un délai raisonnable doit être laissé pour que la mise en demeure soit efficace, il n'est pourtant pas toujours prévu, notamment lorsque le créancier met en demeure le débiteur de réduire le prix. Cette absence de délai raisonnable dans la mise en demeure de réduire le prix peut témoigner en faveur de l'inutilité

---

[265] A. CHATAIN et S. LATASTE, « Le rôle du juge dans la réforme du droit des contrats », Gaz. Pal. 2016, p. 12
[266] C. com., art. L. 134-7 ; art. L. 470-1 ; art. R. 134-2 ; R. 621-21
[267] C. consom., art. L. 121-4 ; art. L. 216-2 ; art. L. 221-13 ; art. L. 312-69 ; art. L. 312-70 ; art. L. 312-71 ; art. L. 521-1
[268] Civ. 3ème, 10 mai 1972, n° 71-11393, Bull. civ. III, n° 297
[269] C. civ., art. 1222 ; art. 1226
[270] J.-F. HAMELIN, *loc. cit.*

d'une seconde chance, celle-ci contrariant l'utilité d'une telle sanction. En effet, l'intérêt pour le créancier d'accepter une exécution imparfaite est justement de gagner du temps, ce qui peut expliquer qu'aucun délai raisonnable ne soit prévu pour la mise en demeure de réduire le prix.

150. Caractère supplétif ? – Le délai raisonnable semble donc être une manifestation du devoir de bonne foi. Or, en vertu de cette théorie, le juge pourrait octroyer au délai raisonnable un caractère d'ordre public, rendant impossible une dérogation conventionnelle. Pourtant, le caractère *a priori* supplétif des textes suppose que les parties puissent stipuler une exécution sans délai, sous réserve de l'article 1171 du Code civil.

B. La notification dans « les meilleurs délais »

151. « Meilleurs délais » – Ensuite, si le délai raisonnable s'apprécie au moment de la mise en demeure, les « meilleurs délais » s'apprécient à l'aune de la notification. À ce titre, l'exception d'inexécution prévoit que la suspension doit être notifiée dans les meilleurs délais, tout comme la décision du créancier de réduire le prix[271]. Contrairement au délai raisonnable, les meilleurs délais supposent que la notification intervienne rapidement, en vertu de l'exigibilité des obligations. En revanche, si la résolution par notification, qui intervient dans l'urgence, n'a pas à être notifiée dans les meilleurs délais, c'est qu'elle ne produit effet qu'au moment de sa notification. Par conséquent, la notification n'a nullement besoin d'informer rapidement le cocontractant, la résolution n'ayant pas encore produit ses effets, étant donné qu'elle s'intègre dans la catégorie des actes juridiques réceptices.

152. Aménagements contractuels – Si les parties peuvent prévoir une durée précise dans laquelle la notification de la mise en œuvre de la sanction de l'inexécution doit intervenir, elles peuvent également écarter tout délai dans la notification de la sanction[272]. Toutefois,

---

[271] A. BÉNABENT, « Les nouveaux mécanismes », RDC 2016, p. 17
[272] N. BLANC, « Le juge et les standards juridiques », RDC 2016, p. 394, n° 17

un tel mécanisme semble devoir faire de la sanction un acte juridique réceptice ne prenant effet qu'à compter de la notification[273].

C. Un facteur d'insécurité juridique

153. Usage des standards – « Meilleurs délais », « délai raisonnable » font ainsi partie des nombreux standards utilisés par le législateur. Si la notion de standard semble faire appel à une idée de normalité, elle reste difficile à saisir. Ces standards doivent être appréciés par le juge, ce qui lui offre toute latitude. Le juge se livre traditionnellement à une appréciation *in abstracto*, c'est-à-dire en référence à une personne normale placée dans des conditions similaires[274]. Or, l'avantage des standards est de pouvoir s'adapter aux situations de fait, à l'inverse des délais précis qui peuvent s'avérer trop longs ou trop courts selon les circonstances. Néanmoins, ces standards ne renvoient pas à une solution unique, mais à une pluralité de solutions possibles, rendant la règle de droit imprévisible[275]. En effet, la notion de « délai raisonnable » est ambiguë, dès lors qu'aucun critère n'a été arrêté par le législateur. Cette dernière, tout comme la notion de « meilleurs délais », sera alors appréciée en fonction des circonstances, telles que la relation des parties, la durée initiale du contrat, la nature de la prestation promise, les diligences accomplies et l'attitude du débiteur[276]. À cet égard, la jurisprudence ancienne, qui avait déjà précisé ce qu'elle entendait par respect d'un délai raisonnable, devrait certainement perdurer[277]. Par l'existence de ces standards, la marge d'appréciation du juge ne cesse de croître en dépit de la sécurité juridique recherchée par les parties au contrat. Les contractants ont alors tout intérêt à définir eux-mêmes leur délai. Or, l'important pouvoir du juge

---

[273] J.-F. HAMELIN, *loc. cit.*

[274] N. BLANC, *loc. cit.*

[275] M. LAGELÉE-HEYMANN, « Le « raisonnable » dans le nouveau droit des contrats », RDC 2018, p. 473

[276] J. HEINICH, « Le contrôle des nouveaux pouvoirs unilatéraux du contractant », RDC 2018, p. 521

[277] Civ. 3e, 20 mai 2009, n° 08-13230, RTD civ. 2009, p. 524, obs. Fages B. ; RDC 2009, p. 1325, note Laithier Y.-M.

en la matière est susceptible de provoquer le recul de l'efficacité de la sanction et de la prévisibilité dont devrait se prévaloir le créancier victime d'une inexécution[278].

154. Transition – Le retour à la technique des standards en matière d'inexécution du contrat a d'autant plus d'incidence dans l'appréciation des conditions substantielles (Section 2).

SECTION 2
L'APPRÉCIATION DES CONDITIONS SUBSTANTIELLES

155. Annonce – L'insertion de nouvelles exigences au titre des nouvelles sanctions de l'inexécution conduit nécessairement le juge à contrôler *a posteriori* la légitimité de l'exercice du pouvoir unilatéral du créancier. Une fois les conditions formelles vérifiées, le juge doit contrôler la conformité légale de l'usage de ce pouvoir avec les conditions de fond tenant à la sanction exercée.

156. Multiplication dangereuse des standards – Les conditions de fond des nouvelles sanctions de l'inexécution sont caractérisées par un recours abondant aux standards. La multiplication de ces standards entraine *de facto* une grande marge d'appréciation du juge dans le contrôle des conditions de fond[279]. À ce titre, il est constaté qu'en matière d'exception d'inexécution comme de résolution par notification, l'inexécution doit être « suffisamment grave », tandis qu'en matière d'exception d'inexécution anticipée, la preuve du caractère « manifeste » de l'inexécution future et de sa « gravité suffisante » doit être rapportée. En outre, le remplacement doit être effectué par le créancier à « un délai et à un coût raisonnables ». De même, la réduction unilatérale du prix suppose une exécution « imparfaite ». Or, toutes ces hypothèses sont liées à des données purement factuelles qui relèvent

---

[278] L. AYNÈS, « Le juge et le contrat : nouveaux rôles ? », RDC 2016, p. 14
[279] M. MEKKI, « Le juge et les remèdes à l'inexécution du contrat », RDC 2016, p. 400 ; Ph. BRUN, « Rapport de synthèse », RDC 2016, p. 416

de l'appréciation souveraine du juge[280]. Le caractère indéterminé des standards peut alors encourager la partie défaillante à contester le comportement du créancier, et ainsi légitimer le recours au juge[281]. Par voie de conséquence, ce contrôle agit comme une contrainte à l'encontre des parties, les invitant à user de leurs prérogatives avec retenue, étant donné qu'elles ne peuvent pas prédire à l'avance l'efficacité de la sanction employée. Ce pouvoir accru d'interprétation du juge peut néanmoins présenter l'avantage de donner aux dispositions concernées un caractère préventif ou dissuasif[282]. La partie devra se questionner quant à l'opportunité de la mise en œuvre d'un remède à l'inexécution, évitant un recours abusif de celui-ci. Une telle insécurité peut également les encourager à opter directement pour la voie judiciaire. Néanmoins, l'action en justice représente un coût que le débiteur défaillant ne sera peut-être pas en mesure d'assumer, d'autant qu'il lui appartient de rapporter la preuve que les conditions de mise en œuvre des prérogatives unilatérales ne sont pas réunies, excepté pour la résolution. Si le juge est en retrait, « il s'avance tel un spectre qu'il faut éviter en raison des aléas qui gouvernent son champ d'intervention »[283].

157. Contrôle en vertu de l'impératif d'efficacité économique – Le rôle du juge est également imprégné des objectifs annoncés par la réforme du droit des contrats. Les références explicites et visibles à des concepts économiques font pencher la balance en faveur d'une appréciation économique du contrat. Le contrôle du juge doit alors être adapté à l'impératif d'efficacité économique, notamment par la prise en compte du coût dans la mise en œuvre des nouvelles sanctions de l'inexécution[284]. À cet égard, l'exécution

---

[280] A. CHATAIN et J.Ph. ERB, « Les conséquences de la réforme du droit des contrats sur l'intervention du juge », JCP E 2017, n° 18, p. 1245 ; G. PARLEANI, « Un droit des contrats qui fait tout pour qu'on le fuie », AJ contrat 2019, p. 149

[281] B. MATHIEU, « Le nouveau droit de l'inexécution du contrat en pratique, Quelques conjectures », JCP E 2019, p. 1126

[282] J.-L. AUBERT et F. COLLART DUTILLEUL, *Le contrat. Droit des obligations*, Dalloz, 5e éd., 2017, p. 19

[283] M. MEKKI, « Qui dit contractuel, dit juge ? », Gaz. Pal. 2016, p. 3

[284] F. ROUVIÈRE, « Les valeurs économiques dans la réforme du droit des contrats », RDC 2016, p. 600

forcée en nature ne peut pas être mise en œuvre en cas d'impossibilité ou de disproportion manifeste entre le coût pour le débiteur et l'intérêt pour le créancier. Cette nouvelle exception, ayant pour objet d'éviter l'abus de droit, offre au juge un nouveau pouvoir de contrôle sur les intérêts en présence[285]. Or, cette donnée de nature économique et cette prise en compte de la proportionnalité accordent un pouvoir d'autant plus important au juge. Pour l'heure, rien n'est dit quant à l'appréciation du coût pour le débiteur. Le juge pourrait tout aussi bien l'apprécier par rapport à l'objet du contrat que par référence à ses capacités financières. De même, concernant l'intérêt pour le créancier, le juge pourrait tout aussi bien prendre en compte la perte intrinsèque au contrat pour le créancier, que se référer au profit escompté par l'exécution du contrat. Ce contrôle se retrouve également dans la sanction de réduction du prix lorsque celle-ci n'est pas proportionnée à l'exécution imparfaite de la prestation. Le contrôle effectué par le juge se rapproche alors d'un contrôle de proportionnalité, opérant une balance entre les intérêts du débiteur et ceux du créancier[286].

158. Contrôle en vertu de la justice contractuelle – Puisqu'il appartient au juge de garantir un équilibre entre les intérêts du créancier victime de l'inexécution et du débiteur défaillant, de nouveaux critères œuvrent en vertu de la justice contractuelle. Le juge permet ainsi de réparer d'éventuels abus dans l'exercice des prérogatives unilatérales. À cet égard, l'exception d'inexécution, tout comme la résolution par notification du contrat, ne peut intervenir qu'à la condition que l'inexécution du débiteur défaillant soit « suffisamment grave ». À ce titre, le débiteur peut en effet saisir le juge à tout moment pour contester la résolution, le créancier étant alors tenu de prouver la gravité de l'inexécution alléguée. Cette condition doit donc être appréciée par le juge, qui devra, une fois encore, opérer un contrôle de proportionnalité entre l'inexécution du débiteur et celle du créancier[287]. Ce nouveau critère

---

[285] N. ANCEL, *loc. cit.*

[286] M. MEKKI, *loc. cit.* ; H. BARBIER, « L'objectif de proportionnalité des sanctions contractuelles », RTD civ. 2016, p. 107

[287] M. BROCHIER, « Les nouveaux rôles du juge dans l'inexécution du contrat », Dr. et patr. 2016, n° 259

peut toutefois recouvrir maintes significations, abandonnant au juge la définition à appliquer[288]. En revanche, la résolution conventionnelle est fondée sur les manquements précisés par la clause. Dès lors, elle échappe au contrôle du juge, qui doit seulement vérifier que les conditions d'application de la clause sont bien réunies, et non que la sanction soit proportionnée à la gravité de l'inexécution.

159. Transition – Le contrôle de la mise en œuvre des nouvelles sanctions de l'inexécution, caractérisé par la grande liberté d'appréciation laissée au juge, qui rendrait compte d'un mauvais exercice des sanctions par l'un des cocontractants, nécessite que des mesures puissent être prises pour sanctionner le comportement de la partie fautive (Section 3).

SECTION 3
LES MESURES À LA DISPOSITION DES JUGES

160. Annonce – Les mesures mises à la disposition du juge, pour sanctionner le mauvais exercice des nouvelles sanctions de l'inexécution par l'un des cocontractants, supposent de déterminer, en amont, l'office du juge (A), pour ensuite examiner les différentes sanctions pouvant intervenir face à l'abus du créancier (B).

A. L'office du juge

161. Contrôle juridictionnel – Le recours à de multiples standards et l'appréciation factuelle qu'il induit relèvent *a priori* du pouvoir souverain des juges du fond, puisqu'ils apparaissent essentiellement comme des tempéraments « à charge normative faible »[289]. Toutefois, la Cour de cassation pourrait préciser la méthode à employer pour apprécier ces standards, laissant au juge du fond le soin de la mettre en œuvre au cas par cas[290]. Cette précision

[288] L. AYNÈS, *loc. cit.*
[289] B. STURLÈSE, « Le juge et les standards juridiques », RDC 2016, p. 398
[290] B. MATHIEU, *loc. cit.*

apportée par la Cour de cassation serait opportune, limitant dans le temps l'incertitude quant aux définitions à donner aux standards contenus dans les conditions d'exercice des nouvelles sanctions de l'inexécution[291]. À ce titre, un tel contrôle s'observe déjà à propos des critères d'appréciation des délais raisonnables en matière d'offre et de rupture des relations contractuelles[292]. Cependant, un tel contrôle des standards ne doit pas transformer la Cour de cassation en troisième degré de juridiction[293].

162. Procédure inefficace ? – Si l'encadrement des nouvelles sanctions de l'inexécution est opportun, le contrôle opéré par le juge ne fait que déplacer le contentieux *a posteriori*. Or ce déplacement de l'intervention du juge ne supprime pas la lenteur, l'aléa et le coût qui ont poussé le législateur à insuffler davantage d'efficacité aux nouvelles sanctions de l'inexécution par le biais de l'unilatéralisme. Par ailleurs, ce pouvoir unilatéral accordé aux parties s'exerce avec un effet immédiat et peut emporter des conséquences importantes s'il a été mis en œuvre de manière abusive. Or, si le litige qui nait d'une contestation à l'encontre de l'exercice d'une sanction de l'inexécution se doit d'être rapide pour que l'objectif d'efficacité économique soit pleinement consacré, le recours au juge des référés semble limité. D'abord, la demande d'invalidation d'une mesure unilatérale paraît sérieusement contestable en vertu de l'article 808 du Code de procédure civile, dès lors qu'elle a été prise conformément aux prescriptions légales[294]. Ensuite, il apparaît difficile de considérer l'exercice d'un pouvoir unilatéral comme un trouble manifestement illicite en vertu de l'article 809 du Code de procédure civile, dans la mesure où cet exercice est autorisé par la loi[295]. À part les rares situations

---

[291] L. AYNES, *loc. cit.*, N. BLANC, *loc. cit.*

[292] M. BOURASSIN, « L'emprise inéluctable des juges sur le nouveau droit des contrats », LPA 2016, p. 9

[293] B. STURLÈSE, *loc. cit.* ; Ph. BRUN, « Rapport de synthèse », RDC 2016, p. 416

[294] C. pr. civ., art. 808 : « Dans tous les cas d'urgence, le président du tribunal de grande instance peut ordonner en référé toutes les mesures qui ne se heurtent à aucune contestation sérieuse ou que justifie l'existence d'un différend. »

[295] C. pr. civ., art. 809 : « Le président peut toujours, même en présence d'une contestation sérieuse, prescrire en référé les mesures conservatoires ou de remise en

dans lesquelles aucune inexécution ne peut être manifestement reprochée à celui qui subit la sanction ou dans lesquelles le contrat a été résolu alors qu'aucun manquement grave n'est invoqué par l'auteur de la sanction[296], le juge des référés ne semble pas compétent en la matière[297]. Le contrôle de l'exercice des pouvoirs unilatéraux relèvera, or ces hypothèses, du juge du fond, quitte à utiliser des procédures accélérées comme la procédure à jour fixe devant le tribunal de grande instance.

163. Procédure rapide opportune – En vertu de la rapidité avec laquelle doivent intervenir les sanctions de l'inexécution, et de l'objectif d'efficacité économique qui les anime, il pourrait être nécessaire d'accompagner la réforme « d'un dispositif procédural *ad hoc* qui permettrait au juge d'accomplir son office dans des délais compatibles avec les différents impératifs en présence de liberté contractuelle, de force obligatoire, d'adaptation aux circonstances économiques et de protection de la partie la plus faible[298]. » Ce juge spécialisé disposerait ainsi du pouvoir de statuer selon une procédure rapide sur l'ensemble des sanctions de l'inexécution, conformément à l'objectif d'efficacité économique, rendant toute sa logique à la possibilité offerte au créancier de mettre en œuvre unilatéralement les sanctions de l'inexécution.

B. Les différentes sanctions applicables

164. Annonce – Les conséquences du non-respect des conditions de forme et de fond dans l'exercice des nouvelles sanctions de l'inexécution ne sont pas précisées par le texte. Or il est possible d'envisager différentes sanctions applicables par le juge en cas de non-respect de ces formalités[299].

état qui s'imposent, soit pour prévenir un dommage imminent, soit pour faire cesser un trouble manifestement illicite. »

[296] Décision en ce sens : Civ. 1re, 29 mai 2001, n° 99-12478 : RTD civ. 2001, p. 590, obs. J. Mestre J. et B. Fages

[297] J. HEINICH, *loc. cit.*

[298] N. ANCEL, *loc. cit.*

[299] O. DESHAYES, « La mise en demeure préalable aux sanction de l'inexécution contractuelle : état des lieux critiques après la réforme de 2016 », RDC 2019, p. 29

165. Nullité de l'acte unilatéral – L'encadrement des nouvelles sanctions de l'inexécution suppose d'identifier les sanctions qui sont à la disposition des juges du fond pour réprimer la mise en œuvre irrégulière des prérogatives unilatérales par le créancier. Lorsque le titulaire d'un pouvoir unilatéral vient à commettre un abus en méconnaissant les limites d'exercice de son pouvoir, plusieurs types de sanctions peuvent lui être appliqués. D'abord, lorsque les conditions requises pour la validité d'un acte unilatéral en vertu d'une telle prérogative ne sont pas respectées, celui-ci encourt traditionnellement la nullité[300]. Ainsi, la rupture mise en œuvre de manière unilatérale qui ne prendrait pas appui sur un manquement suffisamment grave pourrait être annulée par le juge en vertu de son contrôle *a posteriori*. Ce faisant, les effets juridiques découlant de la mise en œuvre de la prérogative unilatérale sont neutralisés. De fait, rien ne devrait interdire au juge de prononcer, si cela lui est demandé, un rétablissement du contrat et de ses effets lorsque la résolution unilatérale lui paraît irrégulière. De la même manière, l'annulation d'une décision unilatérale de réduction du prix devrait obliger le créancier à payer la totalité du prix initialement convenu. L'intervention du juge peut alors anéantir l'efficacité de la sanction unilatérale lorsqu'elle ne respecte pas les conditions de mise en œuvre prescrites par les textes.

166. Sanction afférente à un manquement à la force obligatoire – Ensuite, le dépassement de pouvoir contractuel peut également entrainer la mise en œuvre des sanctions afférentes aux manquements de la force obligatoire, puisqu'en général, l'abus du créancier victime de l'inexécution entraine, *de facto*, l'inexécution fautive de ses obligations. Ainsi, l'abus lors de la mise en œuvre de ses prérogatives contractuelles destinées à rompre ou à suspendre l'exécution de l'obligation entraine l'inexécution fautive du créancier qui a cessé d'exécuter son obligation en vertu de la sanction qu'il a actionnée de manière unilatérale. Afin de réprimer les manquements qui découlent d'une inexécution fautive, le juge pourra mettre en œuvre les sanctions relatives à l'inexécution.

---

[300] Ph. CHAUVIRÉ, « Quelle sanction pour la rupture unilatérale du contrat en l'absence de comportement grave ? », RLDC 2010, n° 75

À cet égard, la partie qui viendrait à méconnaitre les conditions requises à la mise en œuvre de ses prérogatives, entrainant l'inexécution de ses obligations, pourrait être sanctionnée par la résolution du contrat à ses torts et par l'octroi de dommages et intérêts.

167. Indemnisation du préjudice causé – Enfin, le créancier victime de l'inexécution qui a abusé de ses prérogatives unilatérales peut commettre une faute de nature à causer un préjudice à son cocontractant, de sorte que le créancier fautif peut voir sa responsabilité engagée. Elle permet de sanctionner aussi bien le non-respect des conditions de fond ou de forme, que la mauvaise foi du créancier dans la mise en œuvre d'un de ses pouvoirs unilatéraux[301]. La seule incertitude est le fondement sur lequel la responsabilité doit reposer. Si le mauvais exercice de la sanction par le créancier résulte de l'inexécution de ses obligations, la responsabilité semblerait être de nature contractuelle[302]. Le juge dispose ainsi de multiples outils pour sanctionner le créancier fautif pour avoir exercé une de ses prérogatives unilatérales sans avoir respecté les conditions de mise en œuvre qui y sont attachées. En revanche, les rédacteurs de l'ordonnance n'ont pas choisi d'octroyer au juge le pouvoir de réviser lui-même le contrat.

168. Transition – Si l'intervention du juge participe nécessairement à l'encadrement des nouvelles sanctions de l'inexécution, portant en elles le germe de la rejudiciarisation des remèdes, les dispositions examinées jusque-là procèdent également à une hiérarchisation des sanctions pouvant être exercées par le créancier victime d'une inexécution (Chapitre 2).

---

[301] J. HEINICH, « Le contrôle des nouveaux pouvoirs unilatéraux du contractant », RDC 2018, p. 521

[302] En sens contraire : P. REMY-CORLAY, « Exécution et réparation : deux concepts ? », RDC 2005, p. 13, n° 1

CHAPITRE SECOND
LA HIÉRARCHISATION IMPLICITE DES SANCTIONS

169. Choix de la sanction – Si l'article 1217 du Code civil propose un éventail de remèdes à l'inexécution au profit du créancier, il ne les hiérarchise pas de manière formelle[303]. Inspiré du *remedial approach*, ce texte d'annonce répond à l'objectif d'accessibilité du droit des contrats par la présentation ordonnée de l'ensemble des sanctions de l'inexécution mises à la disposition des cocontractants[304]. Par l'utilisation du verbe « pouvoir », la partie envers laquelle l'engagement n'a pas été exécuté ou l'a été imparfaitement dispose d'un choix entre toutes les sanctions exposées, traduisant la liberté de principe dont bénéficie le créancier de l'obligation, sous réserve qu'il remplisse les conditions inhérentes à chacune d'entre elles. Cette liberté de choix offerte au créancier, qui avait déjà été affirmée par la jurisprudence[305], est opportunément rappelée par les textes.

170. Graduation – Pourtant, si les sanctions ne sont pas enfermées dans un rapport de subsidiarité de manière formelle, les dispositions contenues dans l'article 1217 ébauchent une graduation chronologique implicite des sanctions pouvant être exercées[306]. À cet égard, la première sanction énumérée, l'exception d'inexécution,

[303] C. civ., art. 1217 : « La partie envers laquelle l'engagement n'a pas été exécuté, ou l'a été imparfaitement, peut :
- refuser d'exécuter ou suspendre l'exécution de sa propre obligation ;
- poursuivre l'exécution forcée en nature de l'obligation ;
- obtenir une réduction du prix ;
- provoquer la résolution du contrat ;
- demander réparation des conséquences de l'inexécution.
Les sanctions qui ne sont pas incompatibles peuvent être cumulées ; des dommages et intérêts peuvent toujours s'y ajouter. »

[304] D. TALLON, « L'inexécution du contrat : pour une autre présentation », RTD civ. 1994, p. 223

[305] Civ. 1re, 9 juill. 2003, n° 00-22.202 ; JCP 2004, I. 163, n° 4 s., obs. G.VINEY ; RTD civ. 2003, p. 709, obs. J. MESTRE et B. FAGES

[306] M. MIGNOT, « Commentaire article par article de l'ordonnance portant réforme du droit des contrats, du régime général et de la preuve des obligations (VI) », LPA 2016, p. 5

est celle devant être mise en œuvre de manière préventive. Tandis que les suivantes, exercées en vue de la préservation du contrat, permettent, dans le meilleur des cas, l'exécution de la prestation ou, le cas échéant, la réduction du prix de celle-ci. L'avant-dernière sanction, quant à elle, provoque la rupture du contrat par le biais de la résolution, tandis que la dernière entraine la réparation de l'inexécution par l'octroi de dommages et intérêts. Le créancier victime de l'inexécution conserve un choix entre la prévention, la préservation, la disparition ou la réparation, mais force est d'admettre que la présentation des sanctions répond à une certaine logique et n'est pas totalement dénuée de cohérence[307].

171. Combinaison – Le choix du créancier est d'autant plus libre qu'il peut cumuler les sanctions offertes lorsqu'il en va de son intérêt. À cet égard, le texte précise que « les sanctions qui ne sont pas compatibles ne peuvent être cumulées », les dommages et intérêts pouvant toujours être ajoutés aux autres sanctions. Si certaines sanctions peuvent être cumulées, alors que d'autres sont incompatibles, leur articulation procède de manière implicite à une graduation.

172. Annonce – Les dispositions qui ont été étudiées jusqu'ici encadrent les sanctions de l'inexécution et proposent de manière indirecte une hiérarchisation de celles-ci, qui se manifeste selon des facteurs de hiérarchisation (Section 1). Toutefois, les sanctions de l'inexécution sont également encadrées selon des critères de compatibilité (Section 2).

SECTION 1
LES FACTEURS DE HIÉRARCHISATION

173. Annonce – Si la réforme du droit des contrats n'établit pas de hiérarchie apparente des sanctions de l'inexécution, reste que certains critères établis par le législateur (Paragraphe 1)

---

[307] En sens contraire : Y.-M. LAITHIER, « Les règles relatives à l'inexécution des obligations contractuelles. Articles 1217 à 1231-7 », JCP 2015, p. 47

et la liberté de choix offerte aux parties (Paragraphe 2) entrainent nécessairement un classement des remèdes admissibles.

§. 1 LES CRITÈRES ÉTABLIS PAR LE LÉGISLATEUR

174. Annonce – Les nouvelles sanctions de l'inexécution sont soumises à divers critères établis par le législateur qui sont autant de facteurs de hiérarchisation.

175. Mise en demeure – D'abord, mise à part l'exception d'inexécution, la plupart des sanctions énumérées à l'article 1217 du Code civil supposent une mise en demeure préalable du débiteur afin de lui laisser une chance de rectifier sa défaillance. Surtout, en plus de l'acte de mise en demeure lui-même, certaines dispositions sont assorties d'un délai raisonnable. La mise en demeure et les délais exigés opèrent ainsi une hiérarchisation, les sanctions soumises à ces exigences ne pouvant être invoquées immédiatement par le créancier[308].

176. Gravité de l'inexécution – Ensuite, l'exigence de gravité de l'inexécution, commune à l'exception d'inexécution et à la résolution judiciaire et extrajudiciaire, doit être satisfaite pour que le créancier puisse invoquer ces dernières. Autrement dit, en l'absence de gravité, le créancier sera contraint d'exercer la sanction de l'exécution forcée ou de la réduction du prix. Or, cette hiérarchisation implicite est critiquable dans la mesure où le créancier qui souhaite mettre en œuvre une sanction de manière préventive, afin de favoriser l'exécution volontaire du débiteur, se verra contraint de mettre en œuvre l'exécution forcée, pour laquelle aucun critère de gravité n'est requis, sans même avoir la possibilité de tenter préalablement de contraindre le débiteur de s'exécuter spontanément[309]. L'alignement des conditions de l'exception d'inexécution avec celles de la résolution est alors contestable

[308] B. GSELL, « Le nouveau régime de l'inexécution du contrat – commentaire », in *La réforme du droit des obligations en France, 5èmes journées franco-allemandes,* Société de législation comparée, vol. 20, 2015, p. 172
[309] G. CHANTEPIE et M. LATINA, *op. cit.*, n° 629

puisqu'il apparaît incohérent que le créancier, victime d'une inexécution qui ne répond pas au critère de gravité exigé, puisse forcer l'exécution du contrat, mais ne puisse pas préférer rompre le contrat[310]. D'autant que l'exception d'inexécution ne produit que des effets temporaires, elle est donc bien moins contraignante que la résolution du contrat. Le seuil de gravité nécessaire sera alors peut-être apprécié différemment d'une sanction à l'autre en l'absence de précisions par le texte. En outre, la gravité exigée dans l'exception d'inexécution anticipée est relative aux conséquences de l'inexécution, tandis qu'elle est relative à l'inexécution même du contrat s'agissant de la résolution et de l'exception d'inexécution avérée. L'inexécution qui est suffisamment grave pour entrainer la résolution du contrat ou l'exception d'inexécution avérée n'aura donc pas nécessairement de graves conséquences pour le créancier.

177. Économie du contrat – Enfin, la prise en compte du coût dans la mise en œuvre des sanctions de l'inexécution participe également à la hiérarchisation des sanctions. À cet égard, l'exécution forcée par le débiteur est exclue en cas de « disproportion manifeste entre le coût pour le débiteur et l'intérêt du créancier », tout comme elle est exclue lorsque le créancier fait exécuter lui-même l'obligation du débiteur défaillant à un coût déraisonnable. De même que la réduction du prix se doit d'être proportionnée à l'exécution imparfaite de la prestation du débiteur défaillant pour être exercée. Face à la justice sociale et à l'utilité économique qui innervent désormais le droit des contrats, les sanctions de l'inexécution tiennent de plus en plus compte d'un certain équilibre économique entre les intérêts antagonistes des contractants. Or, cette prise en compte opère nécessairement une hiérarchisation entre les sanctions dans lesquelles cet équilibre se doit être respecté pour être mises en œuvre et les autres, dans lesquelles aucune considération d'ordre économique n'est exigée. La liberté du créancier est donc menacée par la promotion de la proportionnalité des sanctions de l'inexécution[311].

[310] Y.-M. LAITHIER, *loc. cit.*

[311] H. BARBIER, « Quand la liberté du créancier de choisir la sanction contractuelle échappe au contrôle de proportionnalité », RTD civ. 2016, p. 356 ; A. BÉNABENT,

178. Choix limité – Le prétendu « choix » offert au créancier tend alors à disparaître lorsqu'il souhaite mettre en œuvre une sanction de l'inexécution sans mise en demeure préalable, alors que l'inexécution n'apparaît pas être suffisamment grave et que le coût de l'exécution de la prestation semble déraisonnable. Seuls les remèdes pécuniaires restent ouverts au créancier dans cette hypothèse[312]. De fait, les critères qui sont exigés par le législateur pour l'exercice des sanctions de l'inexécution affectent directement leur efficacité, ainsi que la liberté de choix du créancier. En outre, la force obligatoire du contrat se réduit incontestablement comme peau de chagrin face à l'abondance des conditions inhérentes aux nouvelles sanctions de l'inexécution et à la prise en compte croissante des intérêts du débiteur défaillant. Si la nature de l'article 1217 du Code civil est permissive en la forme, elle est prescriptive à l'aune des dispositions contenues dans chacune des sanctions édictées[313]. Le choix offert par le législateur se heurte donc aux prescriptions légales des nouvelles sanctions de l'inexécution. De plus, ces dernières peuvent également faire l'objet d'un encadrement par les parties.

§. 2 LA LIBERTÉ DE CHOIX OFFERTE AUX PARTIES

179. Restrictions conventionnelles – Des restrictions conventionnelles peuvent également venir affecter la liberté de choix offerte au créancier dans l'exercice des sanctions de l'inexécution. Les parties sont, en effet, en mesure de réduire l'accès ou les effets d'une sanction de manière conventionnelle[314]. Si elles ne peuvent stipuler une clause prévoyant l'éviction de toute sanction en cas de violation, elles peuvent cependant en exclure certaines,

---

« Un culte de la proportionnalité… un brin disproportionné ? » D. 2016, p. 137 ; B. LOUVEL, « Réflexions à la Cour de cassation », D. 2015, p. 1326

[312] H. BOUCARD, « Le nouveau régime de l'inexécution contractuelle », in *La réforme du droit des obligations en France, 5èmes journées franco-allemandes*, Société de législation comparée, vol. 20, 2015, p. 163, n° 13

[313] M. MIGNOT, *loc. cit.*

[314] Ph. DELEBECQUE, « L'articulation et l'aménagement des sanctions de l'inexécution du contrat », Dr. et patr. 2016, n° 259, p. 62

pourvu qu'elles l'expriment clairement. Cette liberté qu'ont les parties de prévoir à l'avance les effets d'une inexécution contractuelle a alors tendance à brider l'efficacité des nouvelles sanctions et procède nécessairement à une hiérarchisation des sanctions applicables en cas de violation d'une obligation contractuelle.[315]

180. Limites à la stipulation d'une sanction – En revanche, dans le silence de l'ordonnance, lorsque le contrat stipule que le manquement à une obligation ouvre droit à une sanction dont il détermine l'étendue, cette clause ne suffit pas à exclure l'exercice d'une autre sanction de l'inexécution prévue par la loi[316]. En outre, la résolution exercée en vertu d'une clause résolutoire prévoyant une résolution de plein droit, n'opère qu'à compter du moment où le créancier manifeste sa volonté de mettre en œuvre la clause. Il conserve donc le choix d'exercer une autre sanction de l'inexécution prévue à l'article 1217 du Code civil[317].

181. Limite dans le choix des sanctions – De la même manière, une partie ne peut se prévaloir de sa liberté de choix, sur le fondement du droit commun, dans le but de contourner les stipulations convenues entre les parties. Par conséquent, le créancier victime d'une inexécution ne peut pas, en vertu du respect de la force obligatoire, se prévaloir d'une sanction de l'inexécution sans tenir compte des stipulations contractuelles. En effet, il ne s'agit pas ici de faire un choix entre une sanction stipulée au contrat et une sanction prévue par la loi, mais il est question de la violation de l'aménagement contractuel effectué par les parties à propos d'une sanction de l'inexécution[318].

182. Transition – Les facteurs de hiérarchisation, qu'ils proviennent du législateur contemporain ou de la liberté de choix offerte aux parties, participent à l'encadrement des sanctions pouvant être activées par le créancier. Cette hiérarchisation, opérée de manière

---

315 Y.-M. LAITHIER, *loc. cit.*

316 O. DESHAYES, « La stipulation de sanctions contractuelles n'exclut pas la mise en œuvre des solutions issues du droit commun des obligations », JCP G 2019, p. 363

317 Com., 3 juin 1997, n° 93-21.322 : JurisData n° 1997-002490

318 O. DESHAYES, *loc. cit.*

implicite, se manifeste également selon des critères de compatibilité (Section 2).

SECTION 2
LES CRITÈRES DE COMPATIBILITÉ

183. Annonce – Lorsque le créancier exprime un choix, il peut encore le modifier tant qu'il n'a pas été statué sur sa demande initiale par une décision passée en force de chose jugée. En effet, l'assignation délivrée pour l'un ne vaut pas renonciation à l'autre[319]. Si l'article 1217 du Code civil omet l'hypothèse relative à la succession des sanctions, qui suscite pourtant des difficultés face à l'interdiction des demandes nouvelles en seconde instance et du principe de concentration des moyens[320], il prévoit celle relative à l'addition des sanctions. Les sanctions compatibles peuvent ainsi se cumuler, tel est toujours le cas des dommages et intérêts. Ce principe recèle, en réalité, des difficultés dans la possibilité d'une combinaison des remèdes (Paragraphe 1), mais surtout dans la modulation des dommages et intérêts (Paragraphe 2).

§. 1 LA POSSIBILITÉ D'UNE COMBINAISON DES SANCTIONS

184. Prohibition des sanctions contradictoires – Si les sanctions compatibles peuvent se cumuler entre elles, encore faut-il que les conditions propres à chacune d'elles soient réunies. Le principe exposé à l'article 1217 du Code civil est logique, le créancier ne pouvant exercer des sanctions qui sont, par nature, contradictoires, sous réserve de la formulation d'une demande à titre

---

319 C. CHABAS, « Résolution – Résiliation », Rép. civ. 2010, maj. 2018, n° 89 et s.
320 H. BOUCARD, « Responsabilité contractuelle », Rép. civ. 2014, n° 460 et s. ; M. MEKKI, « Droit des contrats », D. 2017, p. 375 ; pose le principe de concentration des moyens : Ass. plén., 7 juill. 2006, n° 04-10.672 D. 2006. 2135, note L. Weiller ; RDI 2006. 500, obs. P. Malinvaud ; RTD civ. 2006. 825, obs. R. Perrot

principal et de l'autre, à titre subsidiaire[321]. Si le créancier est libre de cumuler les sanctions de l'inexécution offertes par le texte, il doit tenir compte de l'incompatibilité de certaines sanctions. À cet égard, l'incompatibilité suppose que deux sanctions ne puissent être prononcées simultanément par le créancier face à une inexécution. Le créancier est donc en mesure de demander l'exécution forcée ainsi que la réduction du prix compte tenu de la qualité de la prestation fournie par le débiteur[322]. En revanche, il ne peut exiger la mise en œuvre de sanctions entrainant à la fois la préservation du contrat, telle que l'exécution forcée ou la réduction du prix, et sa disparition, telle que la résolution du contrat. « On ne peut pas appuyer sur l'accélérateur et sur le frein en même temps »[323]. En effet, les conséquences découlant des sanctions exercées par le créancier ne doivent pas se neutraliser.

185. Prohibition d'un enrichissement injustifié – En outre, le risque d'enrichissement injustifié peut également faire l'objet d'une incompatibilité entre les sanctions de l'inexécution. À cet égard, le débiteur ne peut pas être à la fois condamné à l'exécution forcée en nature et à un remplacement auprès d'un tiers à propos d'une même créance.

186. Succession des remèdes contradictoires – Si l'article 1217 prohibe le cumul des sanctions qui se révèlent incompatibles, il n'en est rien lorsque ces sanctions se succèdent[324]. Cette règle, qui n'est pas prévue par les textes, révèle, là encore, la hiérarchisation qui existe implicitement dans l'exercice chronologique des sanctions de l'inexécution. Le créancier est ainsi autorisé à suspendre l'exécution de sa prestation, avant de mettre en œuvre l'exécution forcée ou la résolution du contrat. *L'exceptio non adimpleti contractus*

---

[321] H. BOUCARD, « Le nouveau régime de l'inexécution contractuelle », in *La réforme du droit des obligations en France, 5èmes journées franco-allemandes*, R. SCHULZE et alii (dir.), Société de législation comparée, vol. 20, 2015, p. 169

[322] G. CHANTEPIE et M. LATINA, *op. cit.*, n° 615, V. en sens contraire : S. KOUHAIZ, « La compatibilité des sanctions dans les pactes d'associés », Rev. sociétés 2019, p. 87, n° 6

[323] B. FAGES, *Droit des obligations*, 2016, LGDJ, n° 280 p. 242

[324] D. TALLON, « L'inexécution du contrat : pour une autre présentation », RTD civ. 1994, p. 223, n° 44

étant la sanction exercée en amont de l'application d'un autre remède, dès lors qu'elle ne se suffit pas à elle-même.

187. Pluralité de défaillances – À cet égard, le cumul des sanctions contradictoires est également envisageable lorsque plusieurs inexécutions peuvent être constatées sur une même prestation. En effet, en fonction du chef d'inexécution, il est possible de solliciter d'un côté l'exécution forcée ou la réduction du prix pour la part non conforme de la prestation, et d'un autre la résolution du contrat pour la part non exécutée de la prestation[325]. Le cumul est donc possible face à une pluralité de défaillances. Toutefois, ces principes se révèlent parfois insuffisants, de sorte qu'il revient au juge d'affiner les règles relatives au cumul des sanctions du contrat.

188. Exclusivité d'une sanction – Si le principe est celui du cumul des sanctions compatibles, une sanction peut s'avérer exclusive de tout autre. À ce titre, la Cour de cassation sanctionne l'inexécution de la promesse de porte-fort par la seule condamnation à des dommages et intérêts, refusant sa résolution[326]. Or, le caractère exclusif octroyé à l'inexécution du porte-fort est peu compréhensible et est contraire au principe exposé à l'article 1217, hiérarchisant de manière implicite les sanctions de l'inexécution[327].

189. Transition – Cette hiérarchisation est d'autant plus remarquée eu égard aux difficultés qui naissent de la modulation des dommages et intérêts (Paragraphe 2).

§. 2 LA MODULATION DES DOMMAGES ET INTÉRÊTS

190. Modulation variable – Si les dommages et intérêts n'ont pas fait l'objet de l'étude des sanctions de l'inexécution après la réforme du droit des contrats, leur régime demeurant

---

[325] H. BOUCARD, *loc. cit.*

[326] Civ. 1re, 7 mars 2018, n° 15-21.244, D. 2018. 614 ; AJ Contrat 2018. 231, obs. P. Delebecque ; RTD civ. 2018. 396, obs. H. Barbier

[327] H. BARBIER, « La sanction du porte-fort inexécuté : des dommages-intérêts mais pas de résolution… une solution contestable », RTD civ. 2018, p. 396

inchangé[328], ils présentent toutefois un intérêt quant à la hiérarchisation des sanctions applicables. Alors qu'ils peuvent, par principe, toujours être ajoutés aux autres sanctions dès lors que l'inexécution est imputable au débiteur, leur modulation varie en fonction des autres sanctions[329]. En effet, puisque les autres sanctions modifient la consistance du préjudice résiduel, le principe d'équivalence commande de moduler en conséquence les dommages et intérêts complémentaires. En revanche, le débat demeure sur l'octroi de dommages et intérêts cumulé à la résolution du contrat à la veille de la réforme de la responsabilité civile. En effet, la question n'est pas tranchée quant à savoir s'ils compensent l'intérêt positif du créancier à obtenir une exécution satisfaisante ou son intérêt négatif à ne pas conclure avec un débiteur défaillant[330].

191. Indemnisation et restitutions – Quoiqu'il en soit, il faut prendre garde à ce que le dommage ne soit pas doublement réparé à la fois par des restitutions et par une indemnisation. En effet, la responsabilité ne peut couvrir que la réparation du préjudice subsistant. Les restitutions en cas de réduction du prix doivent donc être distinguées de l'indemnisation. Puisque la réduction proportionnelle du prix permet de rétablir l'équilibre du contrat en fonction de la différence de valeur entre la prestation promise et celle fournie, les dommages et intérêts doivent être réservés à la réparation du préjudice subsistant, c'est-à-dire du préjudice qui ne découle pas directement de l'exécution imparfaite du contrat. Par exemple, les conséquences de la qualité insuffisante de la marchandise livrée pourront être indemnisées. Or, cette réserve fait défaut dans le texte, pouvant conduire les juges du fond à ne pas séparer réduction du prix et dommages et intérêts, tout comme pour la résolution du contrat. À cet égard, les juges du fond se montrent réticents à assortir la résolution de dommages et intérêts alors même qu'ils compensent un préjudice distinct, tel que les conséquences dommageables de l'inexécution[331]. Cette frilosité

---

[328] C. civ. art. 1231 et s.

[329] H. BOUCARD, « Responsabilité contractuelle », Rép. civ. 2018, n° 544 s.

[330] Y.-M. LAITHIER, « Les sanctions de l'inexécution », RDC 2016, p. 39

[331] D. HOUTCIEFF, « Résolution du contrat ou indemnisation du contractant : tout ou son contraire ? », Gaz. Pal. 2018, p. 35

des juges du fond conduit nécessairement à hiérarchiser les sanctions et d'en refuser le cumul pour éviter une surindemnisation.

192. Torts réciproques – La question de la combinaison de la résolution et de la responsabilité civile fait également débat en cas de résolution d'un contrat aux torts réciproques des parties. Lorsque la résolution est demandée par l'une des parties, un partage des torts peut être prononcé par le juge lorsque les parties au contrat ont chacune manqué à leurs obligations. De deux choses l'une : soit il y a compensation des fautes, lorsque l'inexécution du créancier prive la faute du débiteur de son caractère grave, la résolution ne pouvant être prononcée ; soit la résolution est prononcée aux torts réciproques lorsque la défaillance de chaque partie est d'une gravité suffisante. Or, la Cour de cassation a pu récemment prononcer la résolution d'un contrat aux torts réciproques des parties en l'absence de volonté sérieuse de celle-ci d'en poursuivre l'exécution[332]. Si cette solution n'a pas d'incidence sur le prononcé de la résolution ou sur l'étendue des restitutions, elle paralyse la juste indemnisation des dommages subis par le créancier[333]. En effet, il devient impossible de déterminer la part de responsabilité incombant à chacune des parties dès lors que la résolution intervient en raison de l'absence de volonté sérieuse des parties d'exécuter le contrat[334]. Partant, le principe de cumul des sanctions avec les dommages et intérêts devient illusoire.

193. Cumul et sanction spéciale – En revanche, le principe du cumul des sanctions de l'inexécution avec les dommages et intérêts s'applique même s'il existe une sanction spéciale, dès lors qu'une faute civile est constituée, sous réserve du principe de réparation intégrale, interdisant d'indemniser un préjudice évité ou déjà réparé en nature ou par équivalent. À ce titre, l'exercice de la faculté de renonciation, prévue par le Code des assurances en cas de défaut de remise des documents et informations

---

[332] Civ. 3e, 6 sept. 2018, n° 17-22026, FS-PBI

[333] Y.-M. LAITHIER, « Les « torts réciproques » dans la résolution du contrat », RDC 2018, p. 539

[334] T. DOUVILLE, « Résolution d'un contrat aux torts réciproques des parties en l'absence de volonté sérieuse de celle-ci d'en poursuivre l'exécution », AJ contrat 2019, p. 35

qu'il énumère, ne fait pas obstacle à l'octroi de dommages et intérêts, fût-ce au titre du même manquement sur le terrain de la responsabilité civile[335]. Il appartient alors aux juges du fond de tenir compte de la restitution des sommes versées ainsi que du paiement des intérêts au taux légal mis à la charge de l'assureur pour évaluer le préjudice restant[336].

[335] Civ. 2e, 23 nov. 2017, n° 16-21.671 ; D. 2017. 2425 ; ibid. 2018. 1279, obs. M. Bacache, L. Grynbaum, D. Noguéro et P. Pierre

[336] H. BARBIER, « L'articulation des sanctions contractuelles : entre exclusivité, cumul et inclusion », RTD civ. 2018, p. 661

CONCLUSION

194. Consécration de nouvelles sanctions – Le nouveau régime des sanctions de l'inexécution dessiné par la réforme du droit des contrats a été opportunément modifié. D'abord, l'éclatement et la confusion qui caractérisaient les sanctions de l'inexécution laissent désormais place à une présentation ordonnée. L'énumération de l'article 1217 du Code civil répond ainsi aux exigences d'accessibilité et de lisibilité du droit des contrats visées par le législateur. Ensuite, les sanctions de l'inexécution de source jurisprudentielle ont été codifiées, telles que l'exception pour inexécution ou la résolution par notification. Cette consécration légale renforce ainsi la sécurité juridique du droit commun des contrats, tout en réduisant l'incertitude liée aux règles purement jurisprudentielles et à l'absence de règle écrite. Enfin, le droit français des contrats a intégré de nouvelles sanctions de l'inexécution dans ses textes, telles que l'exception d'inexécution anticipée ou la réduction du prix. Cette modernisation du régime de l'inexécution en droit commun s'observe également dans les dispositions relatives aux sanctions.

195. Unilatéralisme et efficacité économique – En effet, le régime des sanctions de l'inexécution a été particulièrement amélioré par la réforme du droit des contrats. La plupart des défauts qui pouvaient lui être reprochés ont été corrigés par les articles 1217 et suivants du Code civil. Si certains changements d'ordre terminologique sont secondaires, d'autres apparaissent significatifs. Surtout, par la consécration de sanctions dont la spécificité réside dans leur mise en œuvre unilatérale, la réforme semble avoir bouleversé les équilibres en faveur de l'impératif d'efficacité économique[337]. En effet, l'unilatéralisme, caractéristique des nouvelles sanctions, offre un véritable pouvoir dans la mesure où la partie au contrat, lésée par l'absence ou la mauvaise exécution du débiteur, n'a plus besoin de recourir au juge pour actionner les sanctions de l'inexécution. En effet, le contractant victime

---

[337] J. VOGEL, « Faut-il réformer la réforme du droit des contrats ? Une nécessité pour l'économie et les entreprises françaises », AJ contrat 2017, p. 470

d'une mauvaise exécution peut désormais, seul, suspendre l'exécution de son obligation, et ce, même de manière anticipée ; faire exécuter l'obligation du débiteur, par le débiteur ou par un tiers ; obtenir une réduction du prix ; ou encore, résoudre unilatéralement le contrat face à l'inexécution du cocontractant défaillant. Le retrait du juge permet ainsi de répondre, en faveur d'une performance économique, aux exigences de rapidité et d'adaptation de la vie des affaires.

196. Recherche d'un équilibre contractuel – « Mâtinée de pragmatisme, technicité assumée, maîtrise des excès du rapport de force contractuel »[338] sont les caractéristiques des nouveaux outils mis à la disposition des parties face à une inexécution contractuelle. À cet égard, les améliorations apportées au régime des sanctions de l'inexécution doivent être mises en balance avec le changement de paradigme du droit des contrats. Si la philosophie contractuelle française semble être irriguée par des considérations d'ordre économique et d'efficacité, elle revêt en réalité une conception hybride. Dans le sillon d'un autre impératif de la réforme, caractérisé par le renforcement de la partie faible ainsi que par la prise en compte des déséquilibres dans le contrat, le législateur a recherché un juste milieu entre les doctrines du solidarisme contractuel, qui tiennent compte des inégalités dans les relations contractuelles, et une conception traditionnellement libérale du contrat, qui postule, au contraire, l'égalité et la liberté entre les contractants. La plupart des sanctions de l'inexécution sont alors empruntes de cette dichotomie. Si de réels progrès ont été réalisés au stade des sanctions de l'inexécution, le législateur a parfois conditionné leur mise en œuvre en tenant compte de l'intérêt du contractant défaillant. Tel est le cas de la nouvelle condition tenant à la disproportion manifeste entre le coût pour le débiteur et l'intérêt pour le créancier faisant obstacle à la mise en œuvre de l'exécution forcée. Les dispositions consacrées par le législateur font ainsi l'objet d'un compromis satisfaisant entre deux impératifs majeurs du droit commun des contrats français, favorisant l'équilibre contractuel, au même titre qu'un encadrement des remèdes à l'inexécution apparaît adapté en raison des nouveaux pouvoirs confiés à l'une des parties.

---

[338] B. MALLET-BRICOUT, « 2016, ou l'année de la réforme du droit des contrats », RTD civ. 2016, p. 467

197. Contrôle et pouvoir d'appréciation du juge – Alors que le juge reste la figure prépondérante lorsque le contractant lésé fait le choix de recourir directement à la voie judiciaire pour faire face à une inexécution, les nouvelles sanctions témoignent d'une déjudiciarisation des sanctions contractuelles. Si le régime des nouvelles sanctions de l'inexécution laisse présager un recul du juge dans leur mise en œuvre, son étude révèle la conclusion inverse. En effet, le juge demeure l'entité assurant l'encadrement des sanctions de l'inexécution. Intervenant désormais *a posteriori*, le juge a *de facto* subi un changement dans la nature du contrôle qu'il doit opérer sur les nouvelles sanctions de l'inexécution. N'étant plus celui qui actionne les sanctions de l'inexécution contractuelle, il se doit tout de même de vérifier qu'elles ont été correctement employées par l'une des parties. Or, le juge saisi d'une contestation à propos de la mise en œuvre d'une sanction de l'inexécution dispose, en réalité, d'un grand pouvoir d'interprétation, qu'il s'agisse de contrôler le respect des conditions formelles ou le respect des conditions substantielles tenant à l'exercice des sanctions. En effet, parce que le législateur a employé de nombreux standards dans la rédaction des textes, il a laissé au juge une marge d'appréciation inéluctable sur le sens à leur donner. D'autant que le juge semble, désormais, devoir effectuer son contrôle conformément aux objectifs d'efficacité économique et de justice contractuelle portés par la réforme du droit des contrats. Le législateur « organise [donc] massivement l'intrusion du juge dans le contrat »[339]. Or, le bénéfice de l'efficacité des nouvelles sanctions de l'inexécution dépend de la prévisibilité des exigences qui doivent être satisfaites par le créancier.

198. Encadrement et hiérarchisation – De la même manière, de telles exigences conditionnent le choix du créancier dans l'exercice des nouvelles sanctions de l'inexécution. Si, en principe, il dispose d'un choix entre toutes les sanctions, les critères établis par le législateur sont facteurs de hiérarchisation, de telle sorte que le créancier est susceptible, plus que de raison, de ne pas être

---

[339] O. TOURNAFOND, « Les mauvais penchants de la réforme du droit des contrats », Dr. et patr. 2015, n° 247

en mesure d'exercer la sanction qu'il souhaite en fonction des circonstances. Il revient alors aux parties de prendre l'initiative de prévenir le contentieux, ainsi que les conséquences de l'inexécution, par des aménagements conventionnels. Si elles peuvent aménager les exigences prévues pour chacune des sanctions de l'inexécution, elles peuvent également écarter de manière conventionnelle certaines sanctions, participant là encore à leur hiérarchisation. Le caractère supplétif des dispositions des sanctions de l'inexécution atteste alors de la grande liberté laissée aux parties, conformément au besoin de souplesse exprimé par la pratique. Pour autant, elle ne doit pas entraver l'équilibre entre les parties au contrat et des incertitudes demeurent quant à savoir si ces sanctions sont modulables et dans quelle mesure. Cet encadrement des sanctions de l'inexécution se retrouve également au niveau de la compatibilité des sanctions entre elles. Si le principe est qu'elles peuvent être cumulées, tant qu'elles ne sont pas incompatibles, il apparaît en réalité difficile de les combiner, notamment avec les dommages et intérêts, qui sont pourtant énoncés comme compatibles avec toutes les sanctions de l'inexécution. La liberté de choix et la liberté de cumul des sanctions de l'inexécution affichées par la réforme du droit des contrats sont donc largement encadrées par les exigences du législateur, l'appréciation du juge ou la liberté dont disposent les parties. En définitive, comme pour le passé, le nouveau régime des sanctions de l'inexécution dépendra de l'interactivité entre ses principales sources que sont la loi, la jurisprudence et les clauses contractuelles. Si des éclaircissements ont été fournis sur la façon dont les nouvelles sanctions doivent être exercées, oscillant entre équilibre contractuel et efficacité économique, seuls le temps et la pratique seront en mesure d'apporter des réponses aux questions qui subsistent.

BIBLIOGRAPHIE

OUVRAGES GÉNÉRAUX

F. ANCEL, B. FAUVARQUE-COSSON et J. GEST, *Aux sources de la réforme du droit des contrats*, Dalloz, 2017

L. ANDREU et N. THOMASSIN, *Cours de droit des obligations*, Gualino, 2016

ASSOCIATION H. CAPITANT, *La réforme du droit des contrats*, Dalloz, 2016

J.-L. AUBERT et F. COLLART DUTILLEUL, *Le contrat. Droit des obligations*, Dalloz, 5e éd., 2017

F. BELLIVIER et R. SEFTON-GREEN, *Force obligatoire et exécution en nature du contrat, en droits français et anglais : bonnes et mauvaises surprises du comparatisme*, Mélanges Ghestin, LGDJ, 2001

C. BLOCH, A. CERATI-GAUTHIER et V. PERRUCHOT-TRIBOULET, *L'influence de la réforme du droit des obligations sur le droit des affaires, The influence of the new french law of obligations on business law*, Dalloz, 2018

C.-E. BUCHER, *L'inexécution du contrat de droit privé et du contrat administratif*, vol. 102, Dalloz, 2011

Y. BUFFELAN-LANORE et V. LARRIBAU-TERNEYRE, *Droit civil. Les obligations*, Sirey, 15e éd., 2017

J. CARBONNIER, *L'évolution contemporaine du droit des contrats*, Journées René Savatier, PUF, 1986

G. CHANTEPIE et M. LATINA, *Le nouveau droit des obligations. Commentaire théorique et pratique dans l'ordre du code civil*, Dalloz, 2016

F. CHÉNEDÉ, *Le nouveau droit des obligations et des contrats, Consolidations — Innovations — Perspectives*, Dalloz, 2016

G. CORNU, *Vocabulaire juridique*, PUF, 11e éd., 2016

N. DISSAUX et C. JAMIN, *Réforme du droit des contrats, du régime général et de la preuve des obligations*, Dalloz, 2016

M. FABRE-MAGNAN, *Le droit des contrats*, PUF, 2018

B. FAGES, *Droit des obligations*, LGDJ, 2016

M. FAURE-ABBAD, *Le fait générateur de la responsabilité contractuelle (contribution à la théorie de l'inexécution contractuelle),* LGDJ, 2003

J. FLOUR, J.-L. AUBERT et E. SAVAUX, Droit civil : *Les obligations 1. L'acte juridique*, Sirey, 2014

S. GUINCHARD et T. DEBARD, *Lexiques des termes juridiques*, Dalloz, 24e éd., 2016

M. LATINA, *La réforme du droit des contrats en pratique*, Dalloz, 2017

Ph. LE TOURNEAU, *Droit de la responsabilité et des contrats, Régimes d'indemnisation, 2018-2019*, Dalloz, 11e éd., 2017

P. MALAURIE, L. AYNÈS et Ph. STOFFEL-MUNCK, *Droit des obligations*, LGDJ, 2016

G. ROUHETTE, I. de LAMBERTERIE, D. TALLON et C. WITZ, *Principes du droit européen du contrat*, Version française, Société de législation comparée, 2003, p. 359 et s.

G. WICKER, R. SCHULZE, G. MÄSCH et D. MAZEAUD, *La réforme du droit des obligations en France, 5èmes journées franco-allemandes,* Société de législation comparée, vol. 20, 2015

F. ZENATI-CASTAING et T. REVET, *Cours de droit civil - Contrats, Théorie générale - Quasi-contrats,* PUF, 2014

OUVRAGES SPÉCIAUX

G. FOREST, *Essai sur la notion d'obligation en droit privé*, préf. F. Leduc, vol. 116, Thèse, Dalloz, 2012

N. GRAS, *Essai sur les clauses contractuelles*, Thèse, Tours, 2014

P. GROSSER, *Les remèdes à l'inexécution du contrat : essai de classification*, Thèse, Paris I, 2000

B. JALUZOT, *La bonne foi dans les contrats, Étude comparative de droit français, allemand et japonais*, Thèse, Dalloz, 2001

Y.-M. LAITHIER, *Étude comparative des sanctions de l'inexécution du contrat*, préf. H. Muir Watt, t. 419, Thèse, Paris, LGDJ, 2004

J.-F. PILLEBOUT, *Recherches sur l'exception d'inexécution*, préf. P. Raynaud, 1971, t. 119, LGDJ, n° 229 et s.

H. SAIDANI, *La rupture du contrat*, Thèse, Toulon, 2016

ARTICLES ET CONTRIBUTIONS

A. ALBARIAN, « Brèves observations comparatives sur un remède de justice privée préventive propre au droit contractuel : l'exceptio timoris », LPA 3 mai 2011, n° 87, p. 4

S. AMRANI MEKKI et B. FAUVARQUE-COSSON, « Droit des contrats », RTD civ. 2008, p. 2965

P. ANCEL,

- « Force obligatoire du contrat et contenu obligationnel », RTD civ. 1999, p. 771
- « Le juge et les remèdes à l'inexécution du contrat », RDC 2016, n° 2, p. 408
- « Quel juge pour le contrat au XXIe siècle ? », D. 2017, p. 721

A. AYNÈS, « Accroissement du pouvoir de la volonté individuelle », in *L'inexécution des contrats*, Dr. et patr. 2016, p. 49

L. AYNÈS,

- « Rupture unilatérale du contrat », RDC 2004, p. 273
- « Le droit de rompre unilatéralement : fondement et perspectives », Dr. et patr. 2004, n° 126, p. 64
- « Le juge et le contrat : nouveaux rôles ? », RDC 2016, p. 14

L.-M. AUGAGNEUR, « Effet de la résolution du contrat sur la clause limitative de responsabilité », AJ contrat 2018, p. 130

H. BARBIER,

- « L'étendue des restitutions consécutives à la résolution du contrat », RTD civ. 2014, p. 363
- « L'objectif de proportionnalité des sanctions contractuelles », RTD civ. 2016, p. 107

- « Quand la liberté du créancier de choisir la sanction contractuelle échappe au contrôle de proportionnalité », RTD civ. 2016, p. 356
- « L'exécution et la sortie du contrat », RDC 2018, p. 40
- « De l'impossible suspension complète du contrat », RTD civ. 2018, p. 894
- « L'intolérance soudaine du créancier ne constitue pas un manquement contractuel justifiant la résolution du contrat », RTD civ. 2018, p. 398
- « L'applicabilité des clauses limitatives de réparation en cas de résolution du contrat », RTD civ. 2018, p. 401
- « La sanction du porte-fort inexécuté : des dommages-intérêts, mais pas de résolution… une solution contestable », RTD civ. 2018, p. 396
- « L'articulation des sanctions contractuelles : entre exclusivité, cumul et inclusion », RTD civ. 2018, p. 661

H. BEALE, « La réforme du droit français des contrats et "le droit européen des contrats" : perspective de la law commission anglaise », RDC 2006, p. 135

A. BÉNABENT,

- « Les nouveaux mécanismes », RDC 2016, p. 17
- « Un culte de la proportionnalité… un brin disproportionné ? » D. 2016, p. 137

A. BÉNABENT et L. AYNÈS, « Réforme du droit des contrats et des obligations : aperçu général », D. 2016, p. 434

N. BLANC, « Le juge et les standards juridiques », RDC 2016, n° 17, p. 394

H. BOUCARD,

- « Le nouveau régime de l'inexécution contractuelle », *in La réforme du droit des obligations en France, 5*[èmes] *journées franco-*

allemandes, R. SCHULZE *et alii* (dir.), Société de législation comparée, vol. 20, 2015, p. 163 et s.

- « Responsabilité contractuelle », Rép. civ. 2014, n° 460 et s.

M. BOURASSIN, « L'emprise inéluctable des juges sur le nouveau droit des contrats », LPA 2016, p. 9

J.-S. BORGHETTI, « A la recherche d'une sanction méconnue de l'inexécution contractuelle : la correction de la mauvaise exécution », in *Mélanges en l'honneur de François Collart Dutilleul*, S. BEAUGENDRE *et alii* (dir.), Dalloz, 2017, p. 131 et s.

J.-D. BRETZNER, « Les conditions de l'exception d'inexécution par anticipation », JCP G 2016, n° 39, p. 999

M. BROCHIER, « Les nouveaux rôles du juge dans l'inexécution du contrat », Dr. et patr. 2016, n° 259

S. BROS, « La place de l'unilatéralisme : progrès ou danger ? », RDC 2012, p. 1452

Ph. BRUN, « Rapport de synthèse », RDC 2016, p. 416

G. CAUVIN, « L'exécution forcée des contrats de construction dans le nouveau droit des obligations », Gaz. Pal. 2019, p. 65

C. CHABAS, « Résolution – Résiliation », Rép. civ. 2010, maj nov. 2018, n° 168

G. CHANTEPIE,

- « L'efficacité attendue du contrat », RDC 2010, p. 347
- « Contrat : effets », Rép. civ. 2018
- « La rupture des contrats d'affaire (2) : La gestion contractuelle de la rupture », AJ contrat 2016, p. 130
- « Réduction du prix et résolution par notification », in *La réforme du droit des contrats en pratique*, M. LATINA (dir.), Dalloz, 2017

G. CHANTEPIE et M. LATINA, « Ratification de la réforme du droit des obligations : analyse de la deuxième lecture du Sénat », D. 2018, p. 309

S. CHASTAGNIER,

- « Exception d'inexécution et autorisation judiciaire », Gaz. Pal. 2018, p. 81
- « Paiement du loyer : exception d'inexécution et impossibilité absolue d'exploiter », Gaz. Pal. 2018, p. 70

A. CHATAIN et J.-Ph. ERB, « Les conséquences de la réforme du droit des contrats sur l'intervention du juge », JCP E 2017, n° 18, p. 1245

A. CHATAIN et S. LATASTE, « Le rôle du juge dans la réforme du droit des contrats », Gaz. Pal. 2016, p. 12

Ph. CHAUVIRÉ, « Quelle sanction pour la rupture unilatérale du contrat en l'absence de comportement grave ? », RLDC 2010, n° 75

J.-P. CHAZAL, « Quel programme idéologique pour la réforme du droit des contrats ? », D. 2015, p. 673

F. CHÉNEDÉ, « La réduction du prix », RDC 2017, n° 3, p. 571

A.-S. CHONÉ-GRIMALDI, J. DARMON et J.-P. GRANDJEAN, « Aménager le droit des contrats », JCP E 2016, n° 25, p. 1374

Ph. DELEBECQUE,

- « Le droit de rupture unilatérale du contrat : genèse et rupture », Dr. et patr. 2004, p. 56
- « L'articulation et l'aménagement des sanctions de l'inexécution du contrat », Dr. et patr. 2016, n° 259, p. 62

O. DESHAYES,

- « L'exception d'inexécution doit-elle être proportionnée ? », RDC 2016, p. 654
- « Exception d'inexécution », Rép. civ. 2018
- « La mise en demeure préalable aux sanctions de l'inexécution contractuelle : état des lieux critique après la réforme de 2016 », RDC 2019, p. 29
- « La stipulation de sanctions contractuelles n'exclut pas la mise en œuvre des solutions issues du droit commun des obligations », JCP G 2019 p. 363

B. DESHAYES, « Un nouvel espace pour le droit des affaires », Gaz. Pal. 2017, p. 31

C. DE CABARRUS, C. JAMIN, S. PIMONT, « Le nouveau droit des contrats – Entre pouvoir du juge, efficacité économique et justice contractuelle… », Cah. dr. entr. 2018, n° 3

P.-F. DE RAVEL D'ESCLAPON, « Deux arrêts rendus à New York invoquent l'inexécution anticipée comme motif de résolution unilatérale extrajudiciaire », Bull. Joly Bourse 2008, p. 430

N. DISSAUX, « Les nouvelles sanctions en matière contractuelle », AJ contrat 2017, p. 10

B. DONDERO, « La réforme du droit des contrats (ordonnance n° 2016-131 du 10 février 2016) », JCP E 2016, p. 1283

T. DOUVILLE, « Résolution d'un contrat aux torts réciproques des parties en l'absence de volonté sérieuse de celle-ci d'en poursuivre l'exécution », AJ contrat 2019, p. 35

W. DROSS, « L'exception d'inexécution : essai de généralisation », RTD civ. 2014, p. 1

P. DUPICHOT, « Réforme des contrats et difficulté des entreprises », BJE 2016, p. 352

M. FABRE-MAGNAN, « L'obligation de motivation en droit des contrats », in *Études offertes à Jacques Ghestin*, LGDJ, 2001, p. 301 et s.

B. FAGES,

- « Quelques évolutions contemporaines du droit français des contrats à la lumière des Principes de la Commission Lando », D. 2003, p. 2386
- « En quoi peut consister le comportement grave de nature à justifier la rupture unilatérale du contrat à durée déterminée ? », note sous Com. 23 sept. 2008, n° 07-10.025, RTD civ. 2009. 320

M. FAURE-ABBAD, « La présentation de l'inexécution contractuelle dans l'avant-projet Catala », D. 2007, p. 165

M. FAURE-ABBAD, « Article 1222 : faculté de remplacement », RDC 2015, p. 784

B. FAUVARQUE-COSSON,

- « Le droit des contrats au cœur de l'innovation juridique », in *Mélanges en l'honneur de Camille Jauffret-Spinosi*, Dalloz, 2013
- « Les nouvelles règles du Code civil relatives à l'interprétation des contrats : perspective comparatiste et internationale », RDC 2017, p. 363

S. FOUGOU, « L'enjeu : l'efficacité des opérations économiques », Gaz. Pal. 2017, p. 49

V. FORTI, « Exécution forcée en nature », Rép. civ. 2016

P.-Y. GAUTIER,

- « Du droit de se faire justice à soi-même en présence de locataires fautifs », RTD civ. 2017, p. 884
- « La réduction proportionnelle du prix, Exercices critiques de vocabulaire et de cohérence », JCP G 2016, p. 947

T. GENICON,

- « Coup de théâtre : la résolution du contrat emporte avec elle la clause imitative de responsabilité ! », RDC 2011, p. 43
- « Contre l'introduction du "coût manifestement déraisonnable" comme exception à l'exécution forcée en nature », Dr. et patr. 2014, p. 63
- « "Résolution" et "résiliation" dans le projet d'ordonnance portant réforme du droit des contrats », JCP 2015, p. 960

J. GHESTIN, « Le contrat en tant qu'échange économique », in *Économie des contrats : bilan et perspectives*, E. BROUSSEAU et J.-M. GLACHANT (dir.), Revue d'économie industrielle, vol. 92, 2000, p. 91

J.-M. GOUVARD, « Les adages du droit français », in *Langue française. Sémantique du stéréotype*, O. GALATANU et J-M. GOUVARD (dir.), Larousse, 1999, n° 123, p. 73

J.-P. GRIDEL et Y.-M. LAITHIER, « Les sanctions civile de l'inexécution du contrat imputable au débiteur : état des lieux », JCP G 2008, n° 21, doctr. 143

P. GROSSER,

- « La résolution pour inexécution du contrat », AJ contrat 2014, p. 26
- « Les sanctions de l'inexécution », Dr. et patr. 2016, n° 258

S. GUÉRIN et N. GENTY, « L'exception d'inexécution et les différentes formes de résolution du contrat », AJ Contrat 2017, p. 17

J.-F. HAMELIN, « L'exercice des nouveaux pouvoirs unilatéraux du contractant », RDC 2018, p. 514

J. HEINICH, « Le contrôle des nouveaux pouvoirs unilatéraux du contractant », RDC 2018, p. 521

D. HOUTCIEFF,

- « L'étendue des nouveaux pouvoirs unilatéraux du contractant », RDC 2018, p. 505
- « Résolution du contrat : ce qui reste quand elle a tout emporté », Gaz. Pal. 2018, p. 25
- « Résolution du contrat ou indemnisation du contractant : tout ou son contraire ? », Gaz. Pal. 2018, p. 35

W. JEANDIDIER, « L'exécution forcée des obligations contractuelles de faire », RTD civ. 1976, p. 700

N. KILGUS, « Application d'une clause limitative de réparation en cas de résolution d'un contrat pour inexécution », D. 2018, note sous Com. 7 févr. 2018, FS-P+B+I, n° 16-20.352

J. KNETSCH, « La survie des clauses limitatives de responsabilité à la résolution du contrat : le "pire des casse-tête" enfin résolu ? », RDC 2018, p. 196

S. KOUHAIZ, « La compatibilité des sanctions dans les pactes d'associés », Rev. sociétés 2019, p. 87

M. LAGELÉE-HEYMANN, « Le "raisonnable" dans le nouveau droit des contrats », RDC 2018, p. 473

Y.-M. LAITHIER,

- « La prétendue primauté de l'exécution en nature », RDC 2005, p. 161
- « Les règles relatives à l'inexécution des obligations contractuelles », JCP 2015, p. 47
- « Les sanctions de l'inexécution du contrat », RDC 2016, p. 39
- « Les "torts réciproques" dans la résolution du contrat », RDC 2018, p. 539

M. LAMOUREUX, « Le contrôle des pouvoirs du juge par le contrat », in *L'efficacité du contrat*, G. LARDEUX (dir.), Dalloz, 2011

G. LARDEUX, « Droit positif et droit prospectif de l'unilatéralisme dans le contrat », in *L'efficacité du contrat*, G. LARDEUX (dir.), Dalloz, 2011

M. LATINA,

- « La suspension du contrat », J. Cl. contr. distr. 2011, fasc. 171
- « Apprécier la réforme », RDC 2016, p. 615
- « Les clauses relatives aux conditions suspensive et résolutoire », JCP N 2016, p. 1114
- « Rapport introductif : physionomie et mise en œuvre pratique de la réforme du droit des contrats », in *La réforme du droit des contrats en pratique*, M. LATINA (dir.), Dalloz, 2017

H. LECUYER,

- « Le principe de proportionnalité et l'extinction du contrat », LPA 1998, p. 31
- « L'inexécution du contrat », CCC 2016, n° 5, dossier 7

Y. LEROY, « Paradoxe(s) sur ordonnances », Dr. soc. 2018 p. 784

L. LEVENEUR,

- « Table ronde : faut-il avoir confiance en la réforme ? », RDC 2015, p. 661
- « Présentation générale de la réforme du droit des contrats, du régime général et de la preuve des obligations », CCC 2016, n° 5, dossier 2

S. LE GAC-PECH,

- « Rompre son contrat », RTD 2005, p. 223
- « Les nouveaux remèdes au déséquilibre contractuel dans la réforme du Code civil », LPA 2016, p. 7

F.-X. LICARI, « Inexécution du contrat, Réduction de prix », J. Cl. civ. 2018, fasc. unique

B. LOUVEL, « Réflexions à la Cour de cassation », D. 2015, p. 1326

E. MACKAAY, « L'efficacité du contrat - une perspective d'analyse économique du droit », *in L'efficacité du contrat*, G. LARDEUX (dir.), Dalloz, 2011

D. MAINGUY,

- « Du "coût manifestement déraisonnable" à la reconnaissance d'un "droit d'option" », Dr. et patr. 2014, p. 60
- « Promesse unilatérale et pacte de préférence : des définitions inopérantes », Dr. et patr. 2014, p. 44
- « Réforme du droit des contrats, du régime général et de la preuve des obligations », JCP E 2017, n° 7

B. MALLET-BRICOUT, « 2016, ou l'année de la réforme du droit des contrats », RTD civ. 2016, p. 467

B. MATHIEU, « Le nouveau droit de l'inexécution du contrat en pratique, Quelques conjectures », JCP E 2019, p. 1126

D. MAZEAUD,

- « L'unilatéralisme en matière de résolution du contrat, nouvel épisode », D. 2001, p. 3239
- « Réforme, vous avez dit réforme ? », JCP G 2016, n° 9-10
- « L'exécution forcée en nature dans la réforme du droit des contrats », D. 2016, p. 2247
- « La place du juge en droit des contrats », RDC 2016, p. 353
- « Propos conclusifs », in *Le prix dans les contrats après la réforme*, RDC 2017, p. 577
- « Le sort des clauses limitatives de réparation en cas de résolution du contrat », D. 2018, p. 537

M. MEKKI,

- « Qui dit contractuel, dit juge ? », Gaz. Pal. 2016, p. 3

- « Les remèdes à l'inexécution dans le projet d'ordonnance portant réforme du droit des obligations », Gaz. Pal. 2015, p. 37
- « L'ordonnance n° 2016-131 du 10 février 2016 portant réforme du droit des contrats, du régime général et de la preuve des obligations. Le volet droit des contrats : l'art de refaire sans défaire », D. 2016, p. 504
- « Le juge et les remèdes à l'inexécution du contrat », in *Le juge, auteur et acteur de la réforme du droit des contrats*, RDC 2016, p. 400
- « Droit des contrats », D. 2017, p. 375

J. MESTRE,

- « L'exception d'inexécution ne fait que suspendre l'exécution de l'obligation », RTD civ. 1993, p. 578
- « Petit abécédaire de la réforme des contrats et des obligations », RLDC 2016, n° 137

J. MESTRE et B. FAGES,

- « Résolution unilatérale d'un contrat : à quoi tient le comportement grave ? », RTD civ. 2004, p. 89
- « L'exception d'inexécution au sein d'un ensemble contractuel », RTD civ. 2006, p. 307

M. MIGNOT, « Commentaire article par article de l'ordonnance du 10 février 2016 portant réforme du droit des contrats, du régime général et de la preuve des obligations (VI) », LPA 2016, n° 67

E. MOUIAL-BASSILANA, « Réforme du droit des contrats : la symbolique du paradoxe », BJS 2016, p. 629

J. MOURY, « La détermination du prix dans le "nouveau" droit commun des contrats », D. 2016, p. 1013, n° 20

C. NOBLOT, « Article 1223 du Code civil : la clause de définition de l'exécution imparfaite », CCC 2019, n° 2, form. 2

J.-D. PELLIER, « L'ordonnance portant réforme du droit des contrats, du régime général de la preuve et de la preuve des obligations enfin ratifiée », D. 2018

C. PÉRÈS, « Règles impératives et supplétives dans le nouveau droit des contrats », JCP 2016, n° 16, p. 454

T. PIAZZON, « La place de l'unilatéralisme : progrès ou danger ? (suite) », RDC 2012, p. 1459

G. PARLEANI, « Un droit des contrats qui fait tout pour qu'on le fuie », AJ contrat 2019, p. 149

A. PINNA, « L'exception pour risque d'inexécution », RTD civ. 2003, p. 31

P. REMY-CORLAY, « Exécution et réparation : deux concepts ? », RDC 2005, p. 13

P. REMY, « L'inexécution du contrat », in *Pour une réforme du droit des contrats*, F. TERRÉ (dir.), Dalloz, 2008

A. REYGROBELLET, « L'exception d'inexécution préventive », BJS 2016, p. 544

J. ROCHFELD, « Remarques sur les propositions relatives à l'exécution et à l'inexécution du contrat : la subjectivation du droit de l'exécution », RDC 2006, p. 113

F. ROUVIÈRE,

- « Les valeurs économiques de la réforme du droit des contrats », RDC 2016, p. 600
- « La remise en cause du contrat par le juge », in *L'efficacité du contrat*, G. LARDEUX (dir.), Dalloz, 2011

O. SABARD,

- « Les sanctions de l'inexécution : exception d'inexécution/exécution forcée », LEDC 2016, p. 7

- « Les sanctions de l'inexécution du contrat (suite) : résolution/réduction du prix », LEDC 2016, n° 3, p. 7
- « Modification de l'article 1223 du Code civil par la loi de ratification », LEDC 2018, p. 5

E. SAVAUX, « Article 1223 : la réduction du prix », RDC 2015, n° 3, p. 786

J.-B. SEUBE,

- « Le risque au cœur de l'exception d'inexécution », RDC 2016, p. 249
- « Le juge et les restitutions », RDC 2016, p. 411

Ph. STOFFEL-MUNCK,

- « Le contrôle *a posteriori* de la résiliation unilatérale », Dr. et patr. 2004, n° 126
- « La résolution par notification : question en suspens », Dr. et patr. 2014, p. 69
- « Le nouveau droit des obligations : les questions en suspens », RDC 2018, p. 52

M. STORCK,

- « Inexécution du contrat. Exception d'inexécution », J. Cl. civ. 2017, fasc. unique
- « Synthèse. Inexécution du contrat », J. Cl. civ. 2018
- « Obligations conditionnelles. Résolution judiciaire », J. Cl. civ. 2013, maj 2018, fasc. 10, n° 4

B. STURLÈSE, « Le juge et les standards juridiques », RDC 2016, p. 398

A. TADROS, « Proposition de modification de l'article 1229 du Code civil : la date des effets de la résolution judiciaire », RDC 2017, p. 193

D. TALLON, « L'inexécution du contrat : pour une autre présentation », RTD civ. 1994, p. 223

F.-X. TESTU, « Les incidents relatifs à l'exécution du contrat », in *Contrats d'affaires*, 2010

O. TOURNAFOND, « Les mauvais penchants de la réforme du droit des contrats », Dr. et patr. 2015, n° 247

L. USUNIER, « Le rapport Doing Business 2012, la concurrence des systèmes juridiques et l'attractivité du droit français des contrats », RDC 2012, p. 575

G. VINEY, « Exécution de l'obligation, faculté de remplacement et réparation en nature en droit français », in *Les sanctions de l'inexécution des obligations contractuelles*, M. FONTAINE et G. VINEY (dir.), Études de droit comparé, Bruylant-LGDJ, 2011, p. 165

J. VOGEL, « Faut-il réformer la réforme du droit des contrats ? Une nécessité pour l'économie et les entreprises françaises », AJ Contrat 2017, p. 470

B. WALTZ-TERACOL et M. BACACHE, « Indivisibilité », Rép. civ. 2018, n° 147

L. WATRIN, « L'exception d'inexécution anticipée : une menace contre l'efficacité des procédures amiables ? », Rev. proc. coll. 2018, n° 4, étude 17

JURISPRUDENCE

- Rouen, 1er févr. 1854, S. 1856. 2. 398
- Civ. 2 juill. 1860, DP 1860, 1, 284
- Civ. 1re, 14 mars 1900, DP 1900, 1, 497, note Planiol
- Paris, 3 oct. 1968, Gaz. Pal. 1968, 2, jur. 345, note Doucet
- Com. 12 nov. 1968, n° 67-10422, Bull. civ. IV, n° 316, RTD civ. 1969, p. 563, obs. Y. Loussouarn
- Civ. 3e, 28 févr. 1969, Bull. civ. III, n° 182
- Civ. 3e, 10 mai 1972, n° 71-11393, Bull. civ. III, n° 297
- Civ. 2e, 11 janv. 1978, n° 76-11237, Bull. civ. II, n° 13
- Com. 7 mars 1984, JCP 1985. II. 20407 , note Ph. DELEBECQUE
- Civ. 1re, 25 nov. 1986, Bull. civ. I, n°279
- Civ. 1re, 9 déc. 1986, n° 85-15.160, Bull. civ. I, n° 291 ; JCP 1987. IV. 60
- Civ. 1re, 29 nov. 1989, n° 87-11.473, D. 1990. 335, obs. Y. Serra, RTD civ. 1990. 473, obs. J. Mestre, 6 mars 1996, n° 93-21.728, D. 1997. 97, obs. Y. Serra, et 321, obs. J. Penneau, RTD civ. 1996. 906, obs. J. Mestre
- Com. 26 nov 1973, n° 72-11.965, Bull. civ V, n° 340, p. 303
- Com. 30 janv. 1979, Bull. civ. IV, n° 41, D. 1979. IR 317
- Com. 1er déc. 1992, n° 91-10.930, Bull. civ. IV, n° 392, D. 1995. 72, obs. Ferrier, RTD civ. 1993. 578, obs. Mestre, RTD com. 1993. 564, obs. Bouloc
- Com. 5 oct. 1993, n° 90-21.146, Bull. civ. IV, n° 313 ; RTD com. 1994. 343, obs. Bouloc
- Civ. 3e, 15 déc. 1993, n° 91-10.199, Bull. civ. III, n° 174, p. 115, D. 1994, p. 507, note F. Benac-Schmidt, ibid. somm. p. 230, obs. O. Tournafond, D. 1995, somm. p. 88, obs. L. Aynès, JCP G 1995, II 22366, note D. Mazeaud, Defrénois 1994, art. 35845, note Ph. Delebecque, RTD civ. 1994, p. 588, obs. J. Mestre
- Civ. 3e, 12 oct. 1994, n° 92-13.211, Bull. civ. III, n° 178

- Com. 3 juin 1997, n° 93-21.322, JurisData n° 1997-002490
- Civ. 1re, 13 oct. 1998, D. 1999, Jur. p. 197, note C. Jamin, D. 1999, Somm. p. 115, obs. P. Delebecque, Defrénois 1999, p. 374, obs. D. Mazeaud ; JCP 1999, II, n° 10133, note N. Rzepecki, adde, CA Douai, 6 juill. 1999, JCP 1999, I, n° 191, obs. C. Jamin
- Com. 15 févr. 2000, n° 97-19.793, Bull. civ. IV, n° 29, D. 2000. 364, obs. Delebecque , RTD civ. 2000. 325, obs. Mestre et Fages
- Civ. 1re, 29 mai 2001, n° 99-12478, RTD civ. 2001, p. 590, obs. J. Mestre J. et B. Fages
- Civ. 1re, 20 mai 2003, n° 00-19.752, Bull. 2003, n° 120
- Civ. 1re, 9 juill. 2003, n° 00-22.202, JCP 2004, I. 163, n° 4 s., obs. G.Viney, RTD civ. 2003, p. 709, obs. J. Mestre et B. Fages
- Civ. 1re, 16 févr. 1999, n° 96-21.997, D. 2000. 360, obs. D. Mazeaud, Defrénois 2000. art. 37107, note D. Mazeaud
- Civ. 3e, 11 mai 2005, n° 03-21.136, Bull. civ. III, n° 103, D. 2005. 1504, RDI 2005. 299, obs. P. Malinvaud et 2006. 307, obs. O. Tournafond, RTD civ. 2005. 596, obs. J. Mestre et B. Fages, CCC 2005. Comm. 187, obs. L. Leveneur, RDC 2006. 323, obs. D. Mazeaud
- Com. 12 juill. 2005, JCP 2005. I. 194, n° 19 s., obs. Constantin, Defrénois 2006. 610, obs. Libchaber, RTD civ. 2006. 307, obs. J. Mestre et B. Fages
- Civ. 3e, 15 févr. 2005, n° 04-11223
- Civ. 1re, 18 févr. 2005, n° 02-14.171
- Com. 20 juin 2006, n° 04-15.785
- Ass. plén., 7 juill. 2006, n° 04-10.672 D. 2006. 2135, note L. Weiller ; RDI 2006. 500, obs. P. Malinvaud ; RTD civ. 2006. 825, obs. R. Perrot
- Com. 10 juill. 2007, n° 06-14.768, D. 2007.2844, note P.-Y. Gautier, et 2839, note Ph. Stoffel-Munck
- Com. 18 déc. 2007, n° 06-15.116, Bull. civ. IV, n° 268, D. 2008. 158, obs. Delpech ; RTD com. 2008. 404, obs. Legeais

- Civ. 3e, 27 mars 2008, n° 07-11.721, D. 2008. 2965, obs. S. Amrani- Mekki, RTD civ. 2008. 475, obs. B. Fages, JCP 2008. II. 10147, obs. G. Pillet, RDC 2008. 734, obs. D. Mazeaud, 1239, obs. F. Collart-Dutilleul, et 2009
- Civ. 3e, 1er oct. 2008, n° 07-15338, Defrénois 30 déc. 2008, p. 2499, n° 38874, obs. R. Libchaber, RDC 2009, p. 70, obs. T. Génicon, RDC 2009, p. 168, obs. J.-B. Seube
- Civ. 1re, 27 nov. 2008, n° 07-11.282, Bull. civ. I, n° 269, AJDI 2009. 218, obs. La Vaissière
- Civ. 3e, 20 mai 2009, n° 08-13230, RTD civ. 2009, p. 524, obs. B. Fages, RDC 2009, p. 1325, note Y.-M. Laithier
- Civ. 3e, 3 nov. 2011, n° 10-26.203, JurisData n° 2011-023715, JCP N 2012, n° 8-9, 1117, note L. Leveneur, RDC 2012, p. 402, note Y.-M. Laithier
- Civ. 3e, 22 mai 2013, n° 12-16.217, RDC 2014. 22, obs. Laithier, JCP 2013. 11, 974, obs. Grosser
- Civ. 3e, 26 nov. 2015, n° 14-24210
- Civ. 3e, 16 juin 2015, n° 14-14.612, RTD civ. 2016. 107, obs. Barbier, RDC 2015. 839, obs. Genicon
- Civ. 3e, 8 sept. 2016, n° 15-21.381, D. 2016. 1818
- Civ. 3e, 10 mars 2016, n° 15-12.291, Commune de Salernes c/ Joseph de Bresc, D. 2016. 661
- Civ. 1re, 12 mai 2016, n° 15-20.834, JurisData n° 2016-008899, RDC 2016, n° 04, p. 654, note O. Deshayes, D. 2017, p. 375, note M. Mekki
- Civ. 1re, 25 mai 2016, n° 15-17.317, M. Y c/ M. X, D. 2016. 1199 ; RTD civ. 2016. 854, obs. H. Barbier ; RTD com. 2016. 836, obs. B. Bouloc
- Mixte, 24 févr. 2017, n° 15- 20.411
- Soc. 21. sept. 2017, n° 16-20103 et 16-20104
- Civ. 2e, 23 nov. 2017, n° 16-21.671, à paraître au Bulletin ; D. 2017. 2425 ; ibid. 2018. 1279, obs. M. Bacache, L. Grynbaum, D. Noguéro et P. Pierre

- Com. 6 déc. 2017, n° 16-19.615
- Com. 10 janv. 2018, n° 16-21.959, I
- Com. 7 févr. 2018, n° 16- 2035
- Civ. 1re, 7 mars 2018, n° 15-21.244, D. 2018. 614 ; AJ Contrat 2018. 231, obs. P. Delebecque ; RTD civ. 2018. 396, obs. H. Barbier
- Civ. 3e, 12 avr. 2018, n° 17-26906
- Civ. 3e, 6 sept. 2018, n° 17-22026, FS-PBI
- Civ. 3e, 14 févr. 2019, n° 17-31.665, P+B+I, JurisData n° 2019-002045

RAPPORTS PUBLICS

Rapport au Président de la République relatif à l'ordonnance n° 2016-131 du 10 févr. 2016 portant réforme du droit des contrats, du régime général et de la preuve des obligations, NOR : JUSC1522466P, JO 11 févr. 2016

TEXTES INTERNATIONAUX

- CVIM, art. 50
- PDEC, art. 9:102
- PDEC, art. 9:201
- PDEC, art. 9:301
- PDEC, art. 9:303
- PDEC, art. 9:304
- Principes d'Unidroit, art. 7.3.1
- Principes d'Unidroit, art. 7.3.4
- Code européen des contrats, art. 114

TEXTES LÉGISLATIFS

- Avant-projet Catala, art. 1152
- Avant-projet Terré, art. 104
- Avant-projet Terré, art. 105
- Avant-projet Terré, art. 106
- Avant-projet Terré, art. 108
- Loi relative à la modernisation et à la simplification du droit des procédures dans les domaines de la justice et des affaires intérieures, n° 2015-177, 16 févr. 2015, art. 8
- Avant-projet de loi de réforme de la responsabilité civile, art. 1260
- Avant-projet de loi de réforme de la responsabilité civile, art. 1261
- C. pr. civ. ex., art. L. 111-1
- C. pr. civ., art. 808
- C. pr. civ., art. 809
- C. consom., art. L. 121-4
- C. consom., art. L. 216-2
- C. consom., art. L. 221-13
- C. consom., art. L. 312-69

- C. consom., art. L. 312-70
- C. consom., art. L. 312-71
- C. consom., art. L. 521-1
- C. com., art. L. 134-7
- C. com., art. L. 470-1
- C. com., art. L. 622-13
- C. com., art. R. 134-2
- C. com., art. R. 621-21
- C. civ., art. ancien 1138
- C. civ., art. ancien 1142
- C. civ., art. ancien 1144
- C. civ., art. ancien 1146
- C. civ., art. ancien 1184
- C. civ., art. ancien 1230
- C. civ. art. 2
- C. civ., art. 1103
- C. civ., art. 1110
- C. civ., art. 1124
- C. civ., art. 1171
- C. civ., art. 1186
- C. civ., art. 1187
- C. civ., art. 1217
- C. civ., art. 1219
- C. civ., art. 1221
- C. civ., art. 1222
- C. civ., art. 1223
- C. civ., art. 1224
- C. civ., art. 1225
- C. civ., art. 1226
- C. civ., art. 1227
- C. civ., art. 1228
- C. civ., art. 1229
- C. civ., art. 1231-3
- C. civ., art. 1341
- C. civ., art. 1344
- C. civ., art. 1612
- C. civ., art. 1617
- C. civ., art. 1619
- C. civ., art. 1644
- C. civ., art. 1704

- C. civ., art. 1948

SITES INTERNET

L. CHOCHOY, *Le cumul des sanctions contractuelles avec l'exception d'inexécution*, 3 avril 2019 : https://www.village-justice.com/articles/cumul-des-sanctions-contractuelles-avec-exception-inexecution,31136.html, date de consultation : 3 avr. 2019

S. DE LUCA, *Quelle place en droit français pour les dommages et intérêts à titre punitif ? Analyse des perspectives et des problèmes à travers une étude des droits anglais et américain*, 2011-2012 : http://mja-assas.fr/wp-content/uploads/Dommages-et-intérêts-à-titre-punitif_Stéphanie-DE-LUCA_2012.pdf, date de consultation : 8 oct. 2018

P. LEMAY, *Blog Réforme du droit des obligations*, Dalloz, 2 avr. 2015, M. LATINA et G. CHANTEPIE : http://reforme-obligations.dalloz.fr/2015/04/02/linexecution-du-contrat-lexecution-forcee-en-nature/, http://reforme-obligations.dalloz.fr/2015/04/10/linexecution-du-contrat-la-reduction-du-prix/, date de consultation : 3 févr. 2019

G. SORBAY, *L'attractivité du droit français des contrats : rêve ou réalité ?*, 20 janv. 2017 : https://www.village-justice.com/articles/attractivite-droit-francais-des-contrats-reve-realite-Par-Gilles-Sorbay,24019.html, date de consultation : 20 nov. 2018

INDEX ALPHABÉTIQUE

(Les numéros renvoient aux pages)

TABLE DES MATIÈRES

Structures éditoriales du groupe L'Harmattan

L'Harmattan Italie
Via degli Artisti, 15
10124 Torino
harmattan.italia@gmail.com

L'Harmattan Hongrie
Kossuth l. u. 14-16.
1053 Budapest
harmattan@harmattan.hu

L'Harmattan Sénégal
10 VDN en face Mermoz
BP 45034 Dakar-Fann
senharmattan@gmail.com

L'Harmattan Cameroun
TSINGA/FECAFOOT
BP 11486 Yaoundé
inkoukam@gmail.com

L'Harmattan Burkina Faso
Achille Somé – tengnule@hotmail.fr

L'Harmattan Guinée
Almamya, rue KA 028 OKB Agency
BP 3470 Conakry
harmattanguinee@yahoo.fr

L'Harmattan RDC
185, avenue Nyangwe
Commune de Lingwala – Kinshasa
matangilamusadila@yahoo.fr

L'Harmattan Congo
67, boulevard Denis-Sassou-N'Guesso
BP 2874 Brazzaville
harmattan.congo@yahoo.fr

L'Harmattan Mali
Sirakoro-Meguetana V31
Bamako
syllaka@yahoo.fr

L'Harmattan Togo
Djidjole – Lomé
Maison Amela
face EPP BATOME
ddamela@aol.com

L'Harmattan Côte d'Ivoire
Résidence Karl – Cité des Arts
Abidjan-Cocody
03 BP 1588 Abidjan
espace_harmattan.ci@hotmail.fr

L'Harmattan Algérie
22, rue Moulay-Mohamed
31000 Oran
info2@harmattan-algerie.com

L'Harmattan Maroc
5, rue Ferrane-Kouicha, Talaâ-Elkbira
Chrableyine, Fès-Médine
30000 Fès
harmattan.maroc@gmail.com

Nos librairies en France

Librairie internationale
16, rue des Écoles – 75005 Paris
librairie.internationale@harmattan.fr
01 40 46 79 11
www.librairieharmattan.com

Librairie l'Espace Harmattan
21 bis, rue des Écoles – 75005 Paris
librairie.espace@harmattan.fr
01 43 29 49 42

Lib. sciences humaines & histoire
21, rue des Écoles – 75005 Paris
librairie.sh@harmattan.fr
01 46 34 13 71
www.librairieharmattansh.com

Lib. Méditerranée & Moyen-Orient
7, rue des Carmes – 75005 Paris
librairie.mediterranee@harmattan.fr
01 43 29 71 15

Librairie Le Lucernaire
53, rue Notre-Dame-des-Champs – 75006 Paris
librairie@lucernaire.fr
01 42 22 67 13

www.ingramcontent.com/pod-product-compliance
Lightning Source LLC
LaVergne TN
LVHW021237061026
849535LV00008B/3097
9782343198682